一句顶万句
逻辑说服

若初 —— 编著

Logical +
Persuasion

远方出版社

图书在版编目（CIP）数据

逻辑说服 / 若初编著. -- 呼和浩特：远方出版社，
2023.11
（"一句顶万句"系列）
ISBN 978-7-5555-1610-1

Ⅰ．①逻… Ⅱ．①若… Ⅲ．①说服 - 语言艺术 - 通俗
读物 Ⅳ．①H019-49

中国国家版本馆CIP数据核字(2023)第102175号

逻辑说服
LUOJI SHUOFU

编　　著	若　初
责任编辑	蒙丽芳
封面设计	小square
版式设计	曹　弛
出版发行	远方出版社
社　　址	呼和浩特市乌兰察布东路666号　邮编010010
电　　话	（0471）2236473总编室　2236460发行部
经　　销	新华书店
印　　刷	天津中印联印务有限公司
开　　本	880毫米×1230毫米　1/32
字　　数	134千字
印　　张	6.5
版　　次	2023年11月第1版
印　　次	2023年11月第1次印刷
印　　数	1—8000册
标准书号	ISBN 978-7-5555-1610-1
定　　价	38.00元

如发现印装质量问题，请与出版社联系调换

前　言

很多人都有过这样的疑问：我的观点明明是正确的，为什么却无法说服别人呢？难道是因为我的口才不好？

如果你也有过这样的疑问，先不要忙着把一切都归咎到口才不好上，因为你真正需要的，可能是逻辑。

一个说服力强的人，总是能够让别人心悦诚服地接纳他的意见，信服他的能力，同时也能提升自身的社会地位，增强影响力。生活中，无论是什么身份，从事什么工作，与什么人来往，都免不了要和人打交道，要和对方沟通、交流，有时候还需要想方设法地说服对方，让对方接纳我们的意见。这些都离不开说服。

在说服的过程中，哪一项因素最重要呢？口才、经验，还是资历？其实这些都不是最重要的，想要说服一个人，90% 靠的还是逻辑。

说服看似是双方言语上的较量，但实际上，双方比拼的还是谁的逻辑思维更严密，谁能更好、更有条理地表达清楚自己的观点，抓住对方言语中的破绽，而不是谁用词遣句更精美。可以这么说，在两个人的言语交锋中，真正决定成败的，是你的逻辑思维能力。

比如我们所熟知的《自相矛盾》这个故事，楚国一个卖盾又卖矛的人，先是夸耀自己的盾很坚固，任何武器都无法穿透它，然后又夸耀自己的矛很锐利，没有什么东西是穿不透的。结果，有人只说了一句话，就让他哑口无言。这句话是："如果用你的矛去刺你的盾，会怎么样呢？"

这样的一句话，没有什么特殊的语言技巧，也没有什么令人惊叹的修辞手法，却一击即中。这种"请君入瓮"式的思辨过程堪称精妙，也向我们展示了逻辑思维的力量。类似的错误，也是我们在日常生活中经常遇到的问题。它提醒我们，说话要有逻辑。

逻辑是一门学问，也是一门技巧，掌握更多的逻辑技巧和方法，无疑能够增强我们的说服力，让我们更清晰、更有条理地表达自己的思想和意见，同时也能更敏锐地抓住对方的破绽，从逻辑上战胜对方，从而说服对方。

基于此，笔者编写了《逻辑说服》一书。这是一本讲述沟通之道的书，也讲述了一些逻辑思维和逻辑技巧，希望读者能够从中学习到更多有用的知识，从而构建自己的逻辑思维框架，在人际沟通中掌握更多主动权，成为实至名归的说服高手。

目 录

第八章　会一点另类招式，可以出奇制胜

第一章

为什么你说的话，别人从来不听

☑ 句句"抬杠"，是把说服变成了打仗

☑ 带着偏见说话，又怎能让他把偏见放下

☑ 抓不住对方的情绪，再有道理也不行

☑ 总打断别人，只会欲速不达

☑ 满嘴都是命令，谁会真心服从

句句"抬杠"，是把说服变成了打仗

"我觉得事情就是这样的。"

"我不这么想，你看……"

"这件事应该这样做。"

"你以为这样做就是对的吗？我觉得……"

你的身边有没有这样的人，当你表达完自己的想法时，他总是站出来反驳。如果你继续反驳，那么他的精神劲儿可就来了，会与你死磕到底。假如你不反驳，顺着他的想法说下去，他还是会站在你的对立面，与你争个面红耳赤。这就是人们常说的"杠头"，他们总喜欢与人抬杠，以从中获得乐趣。他们已经习惯了说"不对"，目的就是通过这种否定别人的方式来凸显自己的价值，殊不知，这只会让他们的人际关系越来越差。

要知道，这个世界上有千千万万的人，我们会碰到志趣相投的，自然也会碰到话不投机的。在工作和生活中，我们难免会遇到与我们意见相左、想法不同的人，有时候，我们不得不说服对方同意自己的观点。

很多时候，我们必须认识到，说服不是争论，更不是"抬杠"。它是一种沟通，是为了让双方的意见达成一致。一旦把说服变成争论，甚至是吵架，就不可能达到目的了。

然而在生活中，我们不乏会遇到一些"杠头"，他们似乎并不是为了解决问题而去说服对方，纯粹是为了享受说得对方哑口无言的快感。不管你说什么，他们都能怼回来，到最后甚至都忘记了最初的话题和目的，演变成一场纯粹的"抬杠"。

小王和舍友平时都喜欢看美国职业篮球联赛。这天是美国职业篮球联赛全明星赛直播，他们叫了几个要好的朋友一起看球赛直播，准备为自己喜欢的球星加油助威，一睹自己心中最优秀的球星的风采。小王和几个朋友一直最喜欢球星甲，而另外几个朋友有喜欢乙的，也有喜欢丙的。大家一边看，一边七嘴八舌地聊天，很是开心。

比赛打了一会儿，看到自己喜欢的甲状态很好，小王情不自禁地说："甲真是太帅了，不管是明星赛还是联赛，他都是最优秀的球员。"

听了这话，作为乙的粉丝，舍友小黄有些不服气，他带着情绪说："你说什么呢？乙才是最出色的运动员，他是目前最有价值的球员，看看他的数据，超越了许多球星呢！"

小王一下子就来了精神，嘲讽地说道："那有什么？他这个赛季的表现一点都不好，数据下滑很厉害，感觉打不动了。"小王平时就喜欢与人争辩，这次他可抓住了机会，开始滔滔不绝地说了起来。

小黄也不甘示弱，两人你来我往，各自举例，一定要说服对方承认自己喜欢的球星更厉害，说话也不客气起来。

来玩的朋友见此情形，便把小王拉到一边，劝说道："你就少说几句吧！其实，谁最优秀是见仁见智的事情，你不能因为这个就和舍友发生争吵啊！我们还最喜欢丙呢，这样争下去有意思吗？"

小王听了之后，不满地问道："谁也没捂住你们的嘴巴呀……你们喜欢丙，可不代表丙最优秀，不服气的话，咱们也来辩一辩？"

朋友苦笑着说："我们是来看球赛的，又不是来参加辩论赛的。不管谁支持谁，最重要的是高高兴兴地看球！如果你俩只顾着争论，我们怎么还有心情看球啊！"

见小王没有说话，朋友又轻声地说："即便你赢了，又怎么样？你能说服他不喜欢乙，而喜欢甲吗？不能，你改变不了什么，只能破坏良好的看球气氛，并且让彼此的关系产生裂痕。"

听了这话，小王终于点了点头，回到座位上，和小黄道了歉。就这样，几个朋友又开始开心地看球，为各自支持的球星加油助威。

每个人的个性和思想都不相同，自然喜欢的人或物也是千差万别。我们不能因为自己喜欢某样东西或某个人，就要说服他人也同样喜欢。如果只是因为别人与你喜好不同，你就与之争辩，不仅不能说服别人，还会让别人觉得你是在"抬杠"，久而久之，就会失去很多朋友。

说服能否成功，主要还是看你的技巧，如果技巧运用得恰当，你就能说服对方。

说服讲究的是和风细雨、以和为贵，在试图说服与自己意见不一致的人时，不应把他们当作对手或敌人，而应当作平等的伙伴，说服也不是为了让他们言听计从，而是为了让他们接受那些对他们有利却还没能理解的东西。当你把说服变成一场争论，一定要辩个输赢，即便你争论赢了，恐怕也无法达到说服的目的，最终你还是输了。

总之，在说服别人的过程中，你要努力让双方局势趋于缓和，尝试做一些非原则性的让步。这是因为在争论中许多人并非以论据反驳对方，往往是意气用事，为反对而反对。若有一方稍作让步，对方就会不再反对，气氛也就会缓和下来。

虽然在生活中仗义执言是一种美德，但在沟通交流的过程中，有话直说有时并不是一个明智的选择。中国人看重人情，也讲究"中庸之道"，因此，在有些场合，学会委婉表达是一种必须掌握的技巧。对于那些喜欢"抬杠"和争论的人，我们要学会拒绝和反驳他们，但要婉转，不要让对方觉得尴尬，这才是最适合的表达方式。

带着偏见说话，又怎能让他把偏见放下

生活中，任何人不管对人还是对事，都很难做到完全的公正和客观。毕竟人都是有感情好恶的，对亲近的东西自然容易产生好的联想，而对厌恶的东西，也很容易产生抗拒心理。

我们在与别人交流时，最忌讳的就是先入为主，即对人存有偏见。如果你对一个人心存偏见，不管对方说什么，你都会下意识地朝不好的方向理解。这种先入为主的偏见，不仅会影响你获取对方话语信息的准确度，而且还会影响你下一步的话语。

当你对一个人存有好感时，他说的话你第一反应会"脑补"一个解释，把对方往好的方向想；而当你不喜欢这个人时，这种"脑补"则会往不好的方向发展。如果你自己无法意识到这一点，那么就会出现无论如何也说服不了对方的情况，甚至还会产生冲突和隔阂，导致交流无法进行下去。

所以很多时候即便是同样的一句话，因自己内心的好恶，也会产生截然不同的意思。如果你带着偏见说话，潜意识中说出的话就会让对方觉得你是有针对性的，很容易激起双方矛盾，更不用说能够说服对方了。

小浩是学戏剧表演的，任教授是负责他们班的导师。一开始小浩对任教授没有什么意见，甚至还比较崇拜他。毕竟任教授课讲得好，在专业上权威，还有着非凡的个人魅力。

小浩一直是比较自信的人，小时候就因为长得好看被选中拍过童装广告，在表演方面又有一定的天赋，课堂上也乐于表现自己，可以说，他是在众人的吹捧和掌声中长大的。任教授也夸奖过小浩，说他表演的悟性特别高。

在专业方面，任教授一贯要求严厉，对那些他认为有天赋、有才华的学生更是如此。学校里不少学长学姐私底下也都表示，想知道任教授最喜欢哪个学生，就看他把哪个学生批评得最惨、训得最狠。小浩很幸运地成为被任教授批评得最惨、训得最狠的学生之一。即便每天都被任教授批评得狗血喷头，小浩也是暗自欣喜和骄傲的。那时候他觉得，任教授对他越是严厉、批评得越是狠，说明任教授对他寄予的希望越大。

直到有一次，小浩无意间得知任教授的一个侄子居然是自己高中时的同学。更重要的是，高中三年里，小浩和那个同学一直都不对付，甚至两人之间还说得上有"深仇大恨"。在高三的时候，正是由于小浩的举报，那个同学聚众斗殴的事情才被学校知道。那件事闹得很大，不久之后，那个同学就转学了。后来，听说他高考的成绩很不理想，之后就失去联系了。

得知这件事情之后，小浩对任教授就有了一种偏见，觉得任教授很可能是在故意针对自己，打压自己，想为他侄子"报仇"。有了这种偏见之后，小浩再也没办法像从前那样看待任教授的批评了。

任教授批评小浩走位有问题，不够精准，小浩就觉得任教授是不想让他站在舞台中央，抹杀他的存在感；任教授批评小浩不努力，好高骛远，小浩就觉得任教授是想打压他，不让他抓住机会出头；任教授批评小浩表演不到位，只会耍帅，小浩就觉得任教授是想故意误导他，让他的形象一落千丈……总之，不管任教授怎么说怎么做，小浩都会下意识地往坏的方向想，结果就是小浩常常跟任教授吵起来。

临近毕业的时候，有剧组向小浩发出邀请，想让他演一个角色。当时，任教授得知情况后特意把小浩约到办公室，让他拒绝这次邀请，并告诉小浩这个角色不适合他，甚至还会限制他以后的发展，让小浩再耐心等待一段时间，过阵子他手头会有一个不错的角色推荐小浩去演。

客观来说，任教授说的话非常有道理。但由于小浩已心存偏见，先入为主地觉得这是任教授故意想让自己错失这个机会。尤其是后来他还得到消息，说任教授有意向剧组推荐另外一名学生。为了不让任教授的"阴谋"得逞，小浩很快就和剧组签了约，这让任教授对小浩很失望。

一直到毕业，小浩才从爸爸口中得知，原来任教授和爸爸以前是战友，得知小浩去了任教授负责的班级之后，爸爸还私底下和任教授打过招呼，让他关照下自己儿子，但不要告诉儿子自己和他的关系，以免儿子真的把自己当成"关系户"，不好好努力奋斗。至于小浩和任教授的侄子的恩怨，事实上，任教授压根就不知道……

可见，心存偏见对一个人的判断力有着多么巨大的影响。这说明想要保证沟通质量，就必须不带偏见，客观分析对方的话语。只有这样，才能避免"偏见带来偏见"的恶性循环，保证沟通的顺畅与准确。

日常生活中，无论是我们倾听别人说话，还是想要说服别人，如果不能将心中的偏见抛除，以客观的心态沟通和交流，就很容易造成误会。这不但对说服别人没有任何好处，还会影响彼此的关系。

抓不住对方的情绪，再有道理也不行

人是很奇妙的动物，总是有各种不同的情绪状态。而每种情绪状态，又会对一个人的决策产生不同的影响。因此，我们要学会观察和体会情绪，尤其是在说服别人的过程中，应该多关注对方的情绪，而不是沉浸在自己的说理逻辑之中。

我们不妨先来看一段恋人之间的对话。

女："我车里的屏幕上出现一个茶壶标志，而且一直在闪烁！我该怎么办？"

男："茶壶？是个油壶图标吧！中控屏幕上出现这个标志并且闪烁，说明机油系统出现了问题，你先熄火，然后……"

女："啊？我一会儿还要陪朋友看婚纱，三天前就约好了，没车可怎么办？"

男："是吗，那你快点打开引擎盖……"

女："车不是上个月才保养的吗，昨天还跑了个长途，一直都好好的，为什么突然就出问题了呢？好烦啊！我们约好了时间的，一会儿我就要迟到啦！"

男："你别着急，可能就是机油少了，你打开引擎盖，看下机油标尺……"

女："我听不懂你说啥！我马上就要迟到了呀！"

男："你能不能先安静地听我说完？"

女："你生气了？"

男："我没有生气，我是说你现在先打开引擎盖，看一下机油标尺上的机油液面情况。"

女："我知道你最烦听我抱怨。"

男："……我真的没有生气，我在说车的事，没有说你！"

女："你果然生气了，我一开始就不该给你打电话，再见。"

男："……"

看完这段让人啼笑皆非的对话，相信许多人会想起自己的经历。这样的沟通困局其实与交谈和倾听技巧没有任何关系，完全就是思维模式差异带来的冲突和矛盾。很多时候，我们在与他人沟通的时候，会觉得很难说服对方，无论自己怎样摆事实、讲道理，对方就是"油盐不进"。这其实就是我们忽略了情绪在说服过程中所起到的作用。

这样的情形在我们的日常生活中很常见，大到公司决策，小到柴米油盐，很多人在沟通过程中就是不懂得照顾他人的情绪，因此也闹出不少尴尬和笑话。

结婚不久的小凯与妻子感情很好，但在日常生活中却总是吵吵闹闹的。他们吵闹的大部分内容都很有意思，不涉及原则问题，有的甚至和他们的生活毫无关联。比如，他们曾经因为豆花究竟是甜的好吃还是咸的好吃而争吵过，也曾经因为某地方特色菜到底好不好吃而争吵过，甚至有一次，还因为某个热门新闻事件中人物的对错而争吵过……

总结起来，俩人没什么大的矛盾，无非是在一些事情上看法不同。很多时候，一开始不过是夫妻之间的闲聊罢了，提及某个新闻事件时，两个人自然而然地发表了一些看法，之后发现对方的看法居然和自己截然不同，闲聊逐渐演变成辩论……

在小凯看来，自己的逻辑非常严密，先是叙述事件的前因后果，然后冷静地剖析其发生的根源，接着把参与事件的各方所犯的错误一一指出，最后得出结论。一套流程下来，完全就是教科书式的辩论。

　　然而，辩论越来越激烈，谁也无法说服谁，最终便发展成一场争吵。最后，无论小凯说什么，妻子都会毫无悬念地展开自己的"终极主题"："天哪！你居然对我说这样的话，你有没有考虑过我的感受！"

　　想必大家已经预料到了最终结局：小凯一声叹息，选择了闭嘴，然后去哄被自己气哭的妻子……

　　生活中男性有时会遇到这样的情况，想要说服自己的妻子或女友非常困难。当你试图讲道理，用严谨的逻辑在语言上战胜她时，她会立即把所有的道理和逻辑转换为情绪问题，最终把你的所有说服解读为"你不爱我""你不考虑我的感受"等。

　　是她们真的不讲道理吗？其实并不是这样。因为与男性的理性相比，女性往往更感性。所以，你讲一大堆道理，远远不如一句"我懂你""我爱你""我理解你"更能说服她们。这是因为与那些所谓的道理相比，她们更关心对方是否在乎自己的感受。

　　这样的情形并非只出现在恋人或夫妻之间，职场中也会遇到。一位刚和上司争吵完的朋友就说出了很多人的心声："我真不明白，为什么他每次总想着要辩倒我，好像非要把我说得哑口无言才罢休，认错就那么难吗？"

　　我们也许有这样的体会：我知道自己是错的，可只要听到对方振振有词，甚至尖锐地攻击自己，便无法心平气和地认错，更无法承认他是对的。这样的情形，其实就是情绪在作怪。

显而易见，说服不是辩论，更不是争吵。口头上的胜利，并不是最后的胜利。相反，当你不遗余力地把对方驳得哑口无言时，你的说服就走向了失败。

说服的目的是什么，是取得口头上的胜利吗？当然不是。"说"，也就是我们所说的讲道理、列依据，只是手段；"服"，是让对方听从我们的建议，按照我们说的去做，这才是最终目的。

所以，千万不要逞一时之快，一旦你忽略对方的情绪，无论你们最后争的结果是什么，实际上只能得到失败的结局。

了解了情绪对人的影响，我们才能在与他人的沟通中更有效地传递信息。如今，人们也越来越认识到情绪在说服中的重要性。理解对方的情绪，是说服和谈判中的重要一步。如果人处在负面情绪中，他首先要表达的是情绪而不是观点。如果你激起对方情绪上的反感，之后你讲的很多信息，对方可能就会直接忽略掉。这时候，我们即便再有道理，也很难说服对方了。

总打断别人，只会欲速不达

日常沟通中，不少人因急于说服对方而经常打断别人的谈话，甚至强行让对方接受自己的建议。当然，有些时候情况特殊或者时间紧迫，是不得已而为之。但在一般日常沟通中，打断别人的说话是非常不礼貌的行为，它会让你错失很多信息，还会使谈话偏离主题，最终导致说服失败。

除此之外，我们还要意识到：随意打断别人的说话，会影响社交形象。当你急于发表自己的意见而打断别人时，你难免要一心二用，使自己处在高度紧张的精神状态，最终造成言者不尽心、听者不晓其意的局面。

更有甚者，如果你频频打断对方的讲话，很可能会惹怒对方，影响谈话氛围，堵塞情谊，无法进行有效沟通，甚至还可能会给你带来一些损失。

做企业策划的小李与一位客户约好下午三点钟在咖啡厅见面。客户是个中年人，很善谈。小李想要与客户合作企划宣传的项目，便主动谈到了客户企业的历史和发展。客户显然很自豪，开始滔滔不绝地介绍自己企业的情况："我们公司成立于 2000 年，经过 20 多年的发展，目前已经成为国内屈指可数的拥有自主技术的大公司。公司在各行业都有所涉及，但主要还是搞芯片研发。多年来，公司已为此投入不少于 10 亿美元的研发资金……"

眼看客户没有停下来的意思，小李忍耐不住，便出言打断了客户的介绍。他问："可以介绍一下贵公司未来的盈利点都在哪些方面吗？"客户被打断显然有些不爽，但仍回答说："公司目前主要靠芯片和手机业务盈利，当然这只是我们盈利方式的一种。我们公司还有很多的盈利项目，光今年新上的项目就有 40 多个……"

小李看了看时间，觉得应该尽快切入主题，于是又打断客户的介绍："像贵公司这样既有技术实力又有市场规模的企业，在企划宣传上应该有更大的投入，尤其要重视企业文化宣传这一块……"

接着，小李开始介绍自己的企划创意。说了半天，客户只说了一句"好，我考虑一下"，便不愿多说了。场面变得很尴尬，这次会谈不欢而散。

　　　小李打断客户对自己企业的介绍，让客户回答问题的欲望越来越低，直到不再说话，从而导致会谈以失败告终，没有顺利说服客户。

　　所以，提问过程中，即使对方滔滔不绝，我们也不应该轻易打断，而应该倾听，并思考他为什么会这么说。如果对方谈话的内容很多，你可以让他一次谈一个核心问题。

　　对方讲完后，你可以复述对方的意思，有时候即使对方带着负面情绪，但如果你能够理解他的想法时，他也许就会很快平静下来。所以，让对方把话讲完非常重要。这个过程中，如果你对对方的话有疑问，可以等他讲完后采用追问的方式让对方解释：

　　"你为什么这么说？"

　　"关于……你能再多说一些吗？"

　　"你还有什么要告诉我的？"

　　"你说的内容有些我不太了解，能再解释下吗？"

　　当然，你还有可能遇到另一种情况，那就是不得不打断对方的回答，这时候可以对对方说："请允许我补充一点"或者"我说一句"。当然，这样的插话不能过多，否则轻则打断对方的思路，重则影响提问氛围，谈话也就进行不下去了。

　　试想，你在侃侃而谈时他突然打断你的思考，按照他的想法说下去，你会有什么感想？你一定会有一种被噎到的感觉。这样喜欢抢话的人，在我们身边总会有那么一两个，当别人讲笑话时，他会提前曝光笑点；几个朋友正在谈论一个话题，还没等别人说完，他就急于表达自己的看法，打断对方，或者有人要讲一个新奇事件，刚开了个头，他就冲上前说："这个事情，我听说过……"

英国哲学家培根说："乱插话者，甚至比发言冗长者更令人生厌。打断别人说话是一种无礼的行为。"打断别人说话和与别人抢话题，都是非常令人讨厌的行为，也是不尊重他人的表现。

人际交往中，最重要的处事原则是懂得尊重别人，不抢话便是尊重别人的重要表现之一。所以，在日常交往中，我们要懂得给予别人说话的机会，善于倾听别人说话。学识渊博并不是张狂地表达自己，锋芒外露只能让人避而远之。即使是辩论赛，也是要等对方将辩题表述完后再开始表达自己的看法。

我们常会遇到这样的情况，在对方滔滔不绝地说话时，我们很希望对方到此为止，甚至想否认对方。然而，无论如何，请大家不要这么做，相反，在对方表达的过程中，我们还要积极地去附和。

附和能够给对方一种"我在听你讲话"的感觉，这样对方会认为自己受到重视，即使对方的说法不正确，也不要否认，而要让对方充分表达。这关系到沟通的氛围。氛围是个很虚的东西，它很容易创造，也很容易被其他事物影响。当你否认对方的讲话时，对方就会感到压力，下次再交谈时就不会这么积极了。

  日常沟通过程中，即便很想要说服对方，我们也要有意识地自我约束，给自己一个心理暗示来改变这个不良习惯，将注意力放在听别人的表述上，多关注他人说什么，等听明白后再开口。如果你在与他人沟通时常常想插嘴说话，可以试着让自己放松下来，然后深吸一口气，提醒自己闭上嘴巴。如果你的情商够高，应该明白：如果有急事必须打断对方的话，可以先示意对方，说"对不起""失礼了"等，有礼貌地让对方中止一下说话。

满嘴都是命令，谁会真心服从

有句话这样说道："如果你想树立敌人，那么就去压制他，命令他。但如果你渴望拥有朋友，那就收起你的骄傲和高高在上。"如果我们留意身边的人就会发现，越是成功的人，他们说话的语气就会越和缓，很少用强硬的语气命令，更多的是询问对方的意图，让对方感受到尊重和亲近。

某访谈节目中，一位知名企业家的助理是这样描述他无比敬佩的上司的：

总裁从来不会用命令的口气指挥我们做事情，每次他把自己的想法和意见说出来之后，都会非常诚恳地询问我们的意见，这让我们觉得他非常尊重并且看重我们。每次他要改动助手起草的文件时，都会用一种询问的语气对助手说："这里如果改成这种形式，是不是更好一些？"通常情况下，他很少干涉手下员工的做事方法，只在员工有需要时向对方伸出援手……

从这位助理的描述中不难想象，他所敬佩的这位总裁显然是个非常懂得尊重人的领导，善于用询问的方式引导下属，而不是直接生硬的命令。在这样的领导身边工作，确实是一件轻松愉快的事情，也难怪这位领导能够得到助理发自内心的尊敬了。

人与人交流的过程中，有时候一句征求意见的询问，就能给对方带来莫大的欢乐和幸福感。即便知道是客套话，但只要态度够真诚，发自内心，一样能让对方愉悦，觉得自己受到了尊重。明白了这一点，我们才能体会说服的最高境界。

现在城市里多数小区的车位都很紧张，特别是大点的小区，所以经常会有晚归的车主因找不到车位而停车不够规范，要么挡住了消防通道，要么挡住了别人的车位。小区保安老马是个暴脾气，每天他执勤时，一旦发现有车停得不规范，就会马上通过车牌号查到车主的电话，然后一通电话打过去："你看看你车停的，这让别人怎么走？你马上下来挪车，不然别怪我们锁车！"

虽然他是好意，也是为了大家着想，但他每个月受到的业主投诉最多，这使老马心里很不痛快。因此，他工作中时常带着情绪，常常与业主发生冲突，轻则发生口角，重则大打出手，而有些业主也会在轮到老马值班时故意将车乱停。这让小区的物业经理很是头疼，多次找老马谈话，但老马根本不知道自己哪里做错了。

于是，经理告诉老马，以后再因乱停车给业主打电话时，这样说："门口的车是您的吧？您停得有些不规范，挡住了其他车进出，车主们很着急，麻烦您尽快下来挪一下车。"老马将经理教的话背了下来，然后试了几次。他发现，以前一下楼就冲他嚷的车主变得和缓了，还直说："对不起，对不起，我马上挪。"

从那以后，不但业主对老马的投诉没有了，有些业主还会亲切地叫老马为"马大爷"，老马每天也乐呵呵的。

没有人喜欢语气生硬的命令。生活中，我们经常能够感受到这一点。比如，父母对孩子说："不许这样做。"孩子一定会想为什么不让做，做了会是什么后果？于是，叛逆期的孩子开始尝试，如此恶性循环下去，父母会发现，越不让孩子做什么，他就越做什么。其实，最初教育孩子时，你可以把命令式的语言改为建议。

"孩子，热水器的开关很烫手，你可以离远一点。"

建议是用一种委婉的表达来实现说服对方的目的，这样对方易于接受，且不会以敷衍的态度去执行。生活中，那些有实力的成功人士往往喜欢用商议的方式说服别人，而那些素质不高的人则往往喜欢颐指气使，惹人厌恶。

所以，如果想让自己在沟通交流过程中能够更好地说服别人，就一定要记住：即便处于领导位置，也不要轻易对别人发号施令，因为建议往往会更得人心，不仅使人心甘情愿接受，还会敬佩你的为人。高智商的人如此，高情商的人更是如此。

比如，同样是要求加班，不会说话的领导会对下属们说："注意了，今天晚上完不成工作，谁都别想下班！"会说话的领导则会对下属们说："大家加把劲，工作干完咱们就下班！"虽然意思都一样，但前者是一种命令和压迫，让别人难以接受；后者则是一种温暖的鼓励，更顺耳一些。哪种表述更能激励员工，哪个领导更受员工爱戴，不言而喻。

世界上没有谁喜欢被命令、被支使，因为那会让人觉得自己不受尊重。每个人都喜欢展示自己，用自己的观点影响别人，更希望他人能听取自己的意见，被自己说服。

既然大家都是这样，那么又有谁会轻易听从别人的观点呢？可能你强势的态度或是更高的地位能暂时压制住别人，但对方不会从心底里真正地服从你。反倒是那些懂得给别人留余地，不把话说得太难听的人，能够赢得更多的追随者。

第二章

说服第一步，是消除对方的心理抗拒

☑ 讲感情比讲道理更有说服力

☑ 攻心为上，唤起对方的恻隐之心

☑ 强硬性说服，只会让人心里犯堵

☑ 强词夺理，理都没人理

☑ 能够委婉说话，就不要直言直语

☑ 求人帮忙说软话，以柔克刚感动人

☑ 心理暗示——说服的最高境界

讲感情比讲道理更有说服力

我们在说服别人时，通常讲究的是"晓之以理，动之以情"，把讲逻辑、讲道理放在第一位。实际上，我们不应该忽视讲感情，甚至，在很多时候还要学会把感情放在第一位。人都是有感情的动物，细腻的情感往往比干巴巴的理论更能打动人，如果你想跟别人建立成功的关系，就一定要考虑到感情层面。

小王的公司最近在一个小区里做活动，上门推销豆浆机。她每天都会比其他同事多卖几台，销售业绩遥遥领先。这天，她敲开一户人家的门，表明来意之后，递上了公司的优惠券，开门的男主人似乎很有兴趣，询问豆浆机的一些具体功能。

这时候屋里的女主人过来了，她看上去对豆浆机并没有兴趣，对男主人说："家里不是有一个豆浆机吗？"

男主人拿着产品说明书给女主人看，说："咱家那个豆浆机都多少年了，你看这个豆浆机功能多先进，还是免过滤的，干豆湿豆都能打，除了能做豆浆还能做料理，另外还有一键清洗的功能呢……"

可是女主人还是没有太大的兴趣，一直在收拾屋子，似乎有点逐客的意思。小王看到屋子里确实有些乱，门口的鞋柜上有大小两双小孩的鞋子，又看到旁边整整一面墙全都是孩子的照片，就知道这家对孩子很是疼爱，于是她决定从养孩子这件事情上切入话题。

小王笑着对女主人说："家里有孩子就是很容易乱啊，我姐姐有两个孩子，每天晚上她回到家屋子里都跟遭过贼一样，玩具、书本扔得一地，怎么收拾都不行。"

"遭贼——你这个比喻可真贴切，呵呵。"女主人被小王的话逗乐了。

"是呀，不光是玩具，孩子身体长得快，衣服也很快都穿不了了，也得收拾，天天净收拾屋子了。"

"就是，我每天都得过收拾屋子这一关，简直成了修行。"

"每天将很多时间花在收拾孩子的玩具、书本、衣服上，真的好辛苦。你家两个宝宝都上学了吧，你一大早还得起来给孩子做饭，更是辛苦。"

这番话说到女主人的心窝里。她叹了口气，说道："每天早上五点半就得起来准备早饭，夏天还好，冬天真是受罪，不仅是这些，孩子平时写作业磨磨蹭蹭的，只知道玩耍，我们每天辅导他们的时间也有限，这几天我都准备给他们请家教了。"

这时，女主人忽然想起小王是来推销的，就问道："你推销的这款豆浆机比老式的豆浆机好吗？"

小王说："这是款最新的破壁豆浆机，不仅打得细，还不用过滤，而且操作时间可以提前预约。只要您晚上睡觉之前把时间预约好，早上起来就可以直接喝豆浆了，这样您早上还可以稍微多睡一会儿。每天照顾两个孩子那么辛苦，这款豆浆机正好可以帮您减轻一点负担，而且它打得更细，吸收起来更容易，经常喝的话，皮肤会越来越好呢……"

听到这里，考虑到家里原有的豆浆机也用了五六年了，女主人决定购买这款新型豆浆机。

小王之所以能够顺利地推销出豆浆机，是因为她没有把说服的重点放在产品上，而是放在女主人的感受上，以此为突破点。相反，虽然男主人跟女主人是一家人，有着"先天"的情感优势，但是因为他完全把注意力集中在产品的技术特性上，没有考虑到妻子心理层面上的感受，所以他说的话才会被妻子无视，没有丝毫的说服力。

人都是有感情的，在人与人的交往过程中，讲感情比讲道理更有效，也更容易说服对方。无论是推销产品还是其他场合下的说服，我们都要记住：说服的最好效果是达到双赢。如果我们在说服他人时能充分考虑他人的感受，顾及他人言行背后的深层次原因，寻求共鸣，这样的说服自然会事半功倍。

日常工作和生活中，我们必须意识到，很多时候站在我们面前的人很可能在思想观念、行为习惯等方面与我们截然不同，所以只有理解他们，从情感角度出发，找到拉近彼此距离的关键话题，学会站在对方角度思考，才能说服对方。

事例中的小王就是站在女主人的角度考虑，找到了情感层面的话题突破点，在"晓之以理"无效的情况下，用"动之以情"打动对方，引起对方的共鸣，从而推销出了豆浆机。

要想在谈话过程中准确抓住对方的情感关注点，我们就要在日常生活中学会理解他人。正所谓你希望别人怎么对待你，你就要怎么对待别人。比如，同事小张家离公司比较远，他早上来不及吃早餐，你可以帮他带份早餐。这样的话，下次你有事时，小王也许就会帮助你。

我们想要让自己的话更有说服力，就要学会站在别人的角度来思考。只有从对方的角度出发，才能投其所好，找到对方内心的情感需求，然后以这种情感需求为切入点，进一步逐层深人，进行说服，直到能够以感情打动对方，这就是所谓的"动之以情"。

　　总而言之，我们想要说服他人的时候，虽然讲道理是必须的，但是也要明白不能过于依赖讲道理，还要学会打感情牌。

攻心为上，唤起对方的恻隐之心

我们常常需要求人办事。求人办事，需要注意一点，就是要真诚。因为对方并不知道你的状况，也很难有设身处地的感受。所以，不管对方是陌生人还是有交集的人，都可以用一个好用的招数，那就是攻心。

什么是攻心呢？听起来有点复杂，说得简单一点：攻心就是消除对方的心理排斥。我们有求于人，必须用各种办法唤起对方的恻隐之心。感动的力量是强大的，如果能让对方产生同理心，那么对方很有可能改变自己的态度。所以，学会说话，把话说到别人的心坎上；学着放低姿态，才能说服对方。

说是恻隐之心，也许过于夸张。但是最起码，在说服别人的时候，要能做到明确自己的目的。想要求得别人的帮助和理解，让对方心甘情愿帮你，那就绝不能以骄傲或者理直气壮的态度对待对方。

　　试想，一个人本来就会对外界的干扰有排斥之心，如果你的态度再不真诚，那凭什么让对方伸出援手呢？所以求人办事的成功秘诀在于，你的话能说到对方的心里，触动他的内心。如果做不到说到别人的心里，不管花费多少口舌，都是无用功。

　　汉武帝雄才大略，继位之后讲究"以法治国"。不管王子大臣，还是平头百姓，他都一视同仁。但是，他有一位乳母却居功自傲，自认为把皇帝从小看到大，用乳汁哺育了他，既是功劳又是苦劳，即使犯点错，皇帝也不会拿她怎么样。所以，她为人飞扬跋扈。

　　直到有一天，她在宫外闯下大祸，事情传到了宫里。汉武帝知道这件事之后怒不可遏，决定依法处置乳母。乳母知道皇帝的态度后非常害怕，但她也知道皇帝的性格，越是在这个当口求饶，越有可能引起皇帝的反感。

　　这时候她想起一个人，就是当时闻名朝野的大臣东方朔。他充满智慧，又擅长说服，皇帝对他所说的话总要思量一下。东方朔知道皇帝乳母已有悔过之心，便有意要帮她，于是对她说："王子犯错与庶民同罪，你知错犯错，难怪皇帝要处罚你。所以处罚是难免的，但是如果你想得到皇帝的原谅，减轻对你的惩罚，我也有一个办法。明日，皇帝召见你的时候，你不要多说，认罪就行了。但是等你离开的时候，不要走得太快，慢慢走，多回几次头，看看皇帝，其他的什么都不用做。"

第二天，汉武帝当朝治了乳母的罪。乳母记住了东方朔的话，没有多余的申辩。但是被侍卫带下去的时候，她一步三回头，显示出对皇帝的恋恋不舍。汉武帝看到了，但是没有说话。东方朔就在旁边用冰冷的语气责备她："你赶紧走吧，不用再看了。皇上已经长大了，不再是你怀里的襁褓小儿，不再需要你的乳汁，也不需要你的陪伴了……你赶紧下去吧。"

此话一出，汉武帝内心深受触动。他想起自己小时候与乳母的温馨画面，还有难以回报的母乳之情。思索再三后，他赦免了乳母。

东方朔是一个擅长说服的人，仅仅几句看似冷漠的话，表面上是在责备乳母心存幻想，没事找事，实际上强调了乳母对皇帝的哺育之情。这个案例的精彩之处在于，东方朔一句说服的话都没有，却在合适的时间和地点，用寥寥数语达到了求情和说服的效果。

说服对方，本质不是为了赢得所谓的"上风"。所以，在说服他人的过程中，不要滔滔不绝地讲那些理由与依据，这些都是技术层面的。我们需要做的是让对方放下戒备之心，同意你的看法，支持你的决定。

　　小郑刚到一个珠宝店做销售，就犯了一个错误。她因看错型号，给客人开错了单子。等到客人付完钱，她把项链包装好时，她才意识到开错了单子。当时如果她直接要求客人补单，客人很可能认为她在故意设局。但如果不补单，小郑一个月就白干了。

　　她看客人大概是下定决心要买的，于是诚恳地拿出两款项链的包装盒做对比，然后说："先生，真不好意思，我第一天来上班，给您开错了单子。您的眼光好，看上的这一款价格要高出我给您开的另一型号三千元。我找到这份工作不容易，真的不想失去它。我看您也喜欢这条项链，肯定是要送给深爱的人。我跟经理申请折扣给您，您看可以吗？"

　　客人早就看过这条项链好几次，他知道价格开错了，还以为自己可以占个便宜。但是店员诚恳认错的态度，让他生出了恻隐之心，还联想到自己当年刚参加工作时的艰难情景。这么一想，他就重新补了单子。

　　客人付完钱后，小郑不停地表示感谢。客人说："是你的真诚打动了我，每个打工的人都很不容易，以后你一定要认真工作。"

这件事是店员的疏忽，但是她能够诚心诚意地向对方说明情况，从而利用自己工作的不易来打动对方的内心。

人都存在防范心理，在面对别人的请求时，大多数人的第一反应都是拒绝。但是如果你怀着真挚的感情，带着友好的态度，你的请求就很容易被接受。

强硬性说服，只会让人心里犯堵

说服是让别人从内心反对转变到真心支持的过程。有人觉得示弱性说服过于卑微，所以他们更习惯强硬性说服。比如，一个上级向下属安排工作，不耐心向下属解释也不听取下属意见，这种把自己的意志强加于人的方式，会让对方心里不舒服，一怒之下也有可能辞职。

所以，说服别人的时候，一定要端正态度，有话好好说。说对了话，我们就可以让对方心服口服；一旦说错了话，说服效果可能事倍功半。事实就是如此，因为说服的本质是让对方转变立场。我们都有过这样的感受，明知道自己是犯错的一方，但还是不愿意轻易被说服。因为这是人的本能，我们会下意识地保护自己的思想独立，不愿意向否定自己的人敞开心扉。

因此，我们要格外注意自己的说服方式，多用一些肯定性话语开场，肯定对方的成绩或者想法，然后用温和的态度表达自己的观点。当我们肯定对方言行的时候，对方的内心会充满喜悦，并对你产生好感。如此一来，隔阂消除，彼此的距离就拉近了。然后，我们不用刻意说服，只需稍稍点拨，循循善诱，就能让对方在不经意中被说服。

在愉快的沟通氛围中，人们会不由自主地把对方当成自己人。当两个人的关系亲近且产生信任的时候，就不要采用强硬的说服方式，而是要发自内心的表达。

讲一个经典的例子，即冬风与暖阳比赛的故事。

有一天，寒冷的冬风与温暖的太阳在一起聊天。它们看到大街上的人们都裹着厚厚的棉衣，就想比试一番：看看谁能把人们身上的衣服吹掉。寒风对自己充满信心，于是它要求先试试。它使劲地吹啊吹啊，可越是卖力地吹，人们越是紧捂自己的衣服，不肯妥协，因为脱了衣服会更冷。最后吹了半天，寒风把自己累得气喘吁吁，可路人不仅裹紧了大衣，还双手抓紧，不让风有机可乘。最后，寒风吹不动停了下来，它为刚刚的狂言感到羞愧。

该太阳上场了，它并没有特别强势，而是循序渐进。它悄悄地释放出温暖的光芒。一开始大家没有注意，后来就觉得今天的太阳非常暖和，连棉衣都穿不住了。于是，大家脱下了棉衣，还是有些热，不少人把帽子和围巾都拿了下来。

就这样，太阳不费吹灰之力就赢了！寒风之所以失败，是因为它强硬的态度只会让对方将自己保护得更好。而沟通中的强硬性的说服就犹如寒风，在给自己带来尴尬的同时，也会被对方彻底拒绝。

我们总以为有气场就能压制，所以沟通之前，都会先把自己武装成不可侵犯的样子，再去面对被说服的对象。可真的到了彼此对话的场景里，强行用逻辑与气场压迫别人，只会换来不好的结果。说服不是吵架，双赢才是目的。要想赢得对方的支持，就要懂得先认同对方的观点，给予对方完全的信任。这样你才能有机会陈述自己的观点，别人心里也不会犯堵。你表述得清楚，对方接受得愉快，才是成功的说服。

一开始，齐总并不是成功的生意人。虽然他头脑清楚，思想活跃，口才也特别棒，但是愿意跟他交谈的人并不多。这是因为他总是想证明自己的想法是对的，别人的观点是错的。有了这种对错和胜负之心后，齐总跟客户辩论，跟下属争吵，情绪都非常激动。

慢慢地，大家都意识到他不是一个好相处的人，见到他宁愿绕着走，也不愿意跟他打招呼，生怕自己又被强行"推销"。时间久了，他就成了一个人缘不好的人。

齐总非常纳闷，明明自己有一身才华，与人沟通中也会努力纠正大家的错误认知，怎么别人非但不领情，还要如此排斥他呢？其实，大家都知道个中缘由，但谁也不愿意主动告诉他，生怕又要跟他有一番不必要、不愉快的争论。

最后，还是他的铁哥们儿为他解开了疑惑。"谁都知道你有才华，也有能力，公司里的好多事情都是靠你搞定的。但不管什么场合的谈话，你都太喜欢把自己的想法强加于人了，这会让每个跟你面谈的人产生压力。即便一个普通的聊天，也会因你的参与演变成一场辩论。也许你的观点是对的，出发点是善意的，但大家不喜欢你的这种分享方式。所以，离开了你的场合，大家会比较放松，心情也会好很多。"

听到这里，齐总有点脸红。这些话虽然很直接，但就是事实。回想他的交际过程，几乎每次都怀着必胜的心态，强加给别人自己的观念，却几乎没有收获。后来，齐总逐渐改变了自己的说话方式，大家在一起变得融洽愉快起来，他收获了许多好朋友。

生活和职场中，我们都会遇到意见不同的人，也会遇到磁场相吸的人。对于后者，我们自然会很开心，因为对方和自己持相同观点。而对于那些意见不同的人，尤其要注意不要把说服变成争吵，不要把分享式劝说变成单方面施压。

所以，不给别人添堵，就是给自己更多的机会；不把自己的想法强加于人，才能得到双赢的结果。

强词夺理，理都没人理

生活中有这样一类人，他们凭借自己良好的口才、敏捷的反应，经常成为大家眼中的焦点人物。他们通常比较自负，不管在什么场合，都愿意表现自己。擅长辩论的他们，会因一点小事就跟别人争论起来。争论也就罢了，毕竟真理是越辩越明。但是他们却喜欢无理辩三分，态度又咄咄逼人，有时候，即便他们没理，也能强词夺理，目的就是让别人承认他更强。

这样的人，虽然表面上像是占了便宜，人前能痛快淋漓地展现自己的才能。实际上，他们每次的强词夺理都会让对方陷入尴尬境地，更严重的还会让对方感到被冒犯，不被尊重。这样的人最后的结果就是理都没人理。

不要觉得这个结果很过分，我们始终认为，说服是一种有技巧的沟通，带有目的性，让人信服。但千万不要陷入一个误区，认为说服他人只需能言善辩即可。我们不在乎通过什么样的方式说服对方，但一定要注意沟通的态度。我们要明白，说服不是东风压倒西风，而是各种风向可以共赢。所以，收起你的强势与自负吧，不然真的要"后果自负"。

　　小段在工作当中，不管自己有理没理，都会无理辩三分。

　　一天公司开会时，经理对小段说："昨天我已经跟你说过这件事了！"小段说："我不记得了！"……过了一会儿，经理又特别生气地对小段说："昨天下午我告诉你事情已经这样了，要赶紧采取措施补救，你现在跟我说你忘记了！"小段说："我没说我忘记了，我说我不记得了！"大家听了都很无语。

　　还有一次，针对一个项目方案，有个老员工提出了一些建议，结果立刻遭到小段的驳斥，还对这个老员工大肆讽刺了一番："这个方案已经做得足够完美了，是你思想太陈旧，不能与时俱进。"还有几个同事也提出了一些不同意见，但都被小段一一驳回。最终这个项目没有实行，原因是其他同事根本不愿与小段合作。小段发现自己在公司里被孤立了，没有人愿意和他搭档，工作也很难开展下去。

　　古人说："无理辩三分者失颜，得理不让人者失尊。得理者让三分，其理何止增三分，其尊何止增三分；无理者辩三分，其颜何止减三分？"有时候，咄咄逼人地说话看起来强硬，可以占据一时的上风，但这只是自我满足的一时得意，丢掉的却是再也无法挽回的信任。也许对方表面上点头了，实际上是不想继续争辩下去，于是假装妥协，摆脱你的"火力"纠缠。

所以，不管什么时候，不管我们面对的是谁，都应该避免激烈的争吵。大家的个性和思想都不尽相同，爱好与憎恶也千差万别，没有必要通过说服别人来认同自己的偏好。正因人与人之间的思想不同，所以大家才能碰撞出火花。而这个火花并非通过"战火"来获得，而是通过我们耐心、友好地沟通获得。

语言是伟大的能量，也是苍白无力的道具。口舌之争，仅仅是痛快了嘴巴，而对方心中有没有服气，才是我们关注的重点。如果内心真正认同，肯定不需要过分的争论；如果内心抗拒，也许不是我们的道理出了问题，而是沟通态度和沟通方式不当。

所以，放弃华而不实的争辩技巧，摒弃强词夺理的强硬态度，以情服人，以理服人。这样的沟通方式，才具有说服力。

能够委婉说话，就不要直言直语

生活中，有这样一种人，他们虽然心眼不坏，但说话直来直去，经常让人下不来台。这样的人在寻求别人帮助的时候，十有八九会被拒绝。其中的原因的并非对方冷漠无情或者心如磐石，而是这种"直肠子"的人没有掌握对话技巧。说白了，就是他们在与人沟通时不会说话。

有个词语叫作"旁敲侧击"，沟通交流同样要做到旁敲侧击。什么叫旁敲侧击呢？简单说，就是委婉说话，从侧面迂回，一步步地进入设定主题。其实，认真观察一下我们的周围，能够把握说话分寸的人，都能把旁敲侧击这种说话技巧运用得炉火纯青。所以，这类人如果对别人有所请求，被拒绝的概率会小很多。

有人说，现在不是提倡节约彼此的时间，说话直接进入主题吗？如果我需要帮助，直接开口求人，岂不是替对方节省了时间吗？当然，这要分群体。面对家人和亲密的朋友，需要帮助就直接开口，不需要讲究太多的技巧。因为我们跟对方熟悉，有着深厚的感情基础，了解彼此的为人，所以不需要过多的寒暄。

但如果对方是你不太熟悉的人，或者性格内向的人，容易想太多的人呢？用直言直语的方法，会让对方建立心理防线。他们会怀疑你话里有话，直接寻求帮助可能是吃定对方。对方一旦产生这种想法，不仅不会帮助我们，还会怀疑我们的人品。

太直接的表达，会显示出一个人急切的心理，从而给对方留下不好的印象。我们应该学会委婉表达，通过一步步渗入的方式说服对方。当我们委婉表达自己的请求时，对方更乐意提供帮助，或许还会责怪你怎么不早点说呢？

直接表达与间接表达，差异就是这么大。所以，当我们想要说服一个人时，有时更需要旁敲侧击，委婉表达。说服时别给对方太大的压力，也别让对方感受到你的急切，如果对方能自觉领会，说服效果就更好了。

公司分配两人一间的宿舍，青青与淼淼成为舍友。两人虽然年龄差不多，但是性格截然不同。青青是个外向的姑娘，说话一向大大咧咧，直来直往，很少胡思乱想。淼淼则是个内向的女孩，平时少言寡语，很少出去玩，心思细腻。

两个人同住一间宿舍，抬头不见低头见，越来越了解彼此的生活习惯。虽然一开始有不少矛盾，但是后来她们也慢慢成为好朋友。青青本来不是个敏感的人，但后来她发现，想要有求于这位舍友，不能太过直接。稍微不注意，淼淼就会多想。

青青想，既然直言直语会伤害到淼淼，那以后再有事就转个弯跟她说。

有一次，有人给青青介绍了个男朋友，对方条件不错，再加上青青年龄也有些大了，所以她很看重。定下见面的日子，她还开心地分享给淼淼，淼淼也替她高兴。

不过，见面的前一天，介绍人才告诉青青，男孩喜欢淑女风格的女孩，建议她穿裙子。听到这个消息，青青有点生气，原本准备了一套帅气的牛仔套装和运动鞋，现在要改穿裙子，衣柜里一时也没有合适的。这么晚才告诉她，让她怎么办呢？

聪明的她只苦恼了一会儿，就想到了办法。既然太晚来不及买新的，那就借一套吧，反正她跟淼淼的身高和体重都差不多。但该怎么借呢？这是个问题。

青青愁眉苦脸地去找淼淼。淼淼看到就问她："你怎么了？怎么不开心？这么晚了还不睡，明天不是还要相亲吗？到时候，顶着两个黑眼圈去就不美了。"

"淼淼，我不想去相亲了。"

"啊？为什么？不是说那个男孩挺不错的，你也看过他的照片，还挺有眼缘的，去看看吧。"

"哎呀，你不知道。我才听说，那个男孩喜欢穿着淑女一点的女孩，不喜欢我这种风格的。你也知道，我衣橱里都没有一件像样的裙子，要是能有你的审美和眼光就好了。你每天穿得真好看，尤其是那件白色的连衣裙，咱们同事都说你穿着就像白雪公主似的，别提有多美了。我要是有时间准备，也想买一条那种风格的裙子。现在说什么都晚了，商场早就关门了。"

听到这里，淼淼内心特别高兴，没想到青青这么欣赏自己的审美。她说的那件白裙子，的确是自己最喜欢的。

"这样吧，如果你不嫌弃，明天你就穿我的白裙子去相亲吧。不过，你要注意，吃饭的时候别把它弄脏了哦。"

"放心，我肯定会注意的，你真的太好了，人美心更美！"

就这样，青青如愿地借到了裙子，还让淼淼开心了许久。这对好朋友之间的沟通越来越有默契。

大家想想，如果青青直接跟淼淼借那条白裙子，淼淼心里肯定会不乐意。毕竟，那是她最心爱的裙子。但是青青采用沟通中的侧面迂回之法，效果就不一样了。淼淼面对苦闷的朋友，心就软了，再加上人都喜欢被赞美，她一开心就更愿意借给青青了。

　　委婉地说服，并非绕弯子。这个说服过程中，我们还是要靠拢主题，同时也要理清楚说服的内容，不能夸大其词。沟通中运用策略很重要，它能够提升我们的说服胜算。所以，沟通中尽量不要直言直语，委婉表达往往更有说服力。

求人帮忙说软话，以柔克刚感动人

世界上没有万能之人，就连孔子都说："三人行，必有我师焉。"所以，每个人都可能需要他人帮忙。求人帮忙并不丢人，但为什么大家普遍不愿意开口求人呢？原因大多是怕对方拒绝，自己丢了面子。种种担心与害怕，让我们退缩。

但如果能在求人帮助的时候说软话，请求对方而不是要求对方，用以柔克刚的方式让对方产生同情心，对方就不会轻易拒绝。所以说服的口吻不同，产生的效果也不尽相同。学着把话说软，可以让对方感受到被需要，这样对方就会感到很开心。人在愉快情绪中更容易伸出援手。

刚参加工作的文文，毕业于名牌大学。因为老板重视员工的学历，所以她一进入公司，就被安排到乔经理的手下工作。乔经理工作能力强，性格更是风风火火，眼里容不得沙子。

乔经理知道自己手下来了一位高才生，并没有改变她带新人的方法：交给文文一个工作任务，就放手不管了。文文虽然觉得自己的领导性格高冷，但是一看她布置的工作，也并非什么难题。所以她就全身心地投入工作，争取交给领导一个满意的答卷，在公司站住脚。

没想到，她辛辛苦苦忙了一个星期，最后把自己的工作成果交给乔经理的时候，对方只是简单地看了几页，就给她打了回去："这样不行，拿回去重新修改。"文文听到这话非常尴尬，刚想问问怎么修改，结果乔经理的电话响了起来，就摆手让她出去了。

文文拿着文件出来，不知道该怎样修改，毕竟她不知道问题出在哪里。正当她愁眉苦脸时，公司一个热心的老员工老周走了过来，看到她面色不好，问道："怎么啦？工作上有什么不懂的吗？需要帮忙尽管开口，不用跟我客气。"

文文不愿意让老周看自己的笑话，就勉强笑了一笑，向对方摆摆手说："谢谢，不用了，我自己可以搞定。"老周看了她一眼，没有多说什么，就走开了。

后来，文文独自修改了好多次，要么被自己推倒，要么被经理驳回。眼看最后期限就要到了，如果再搞不定这个小任务，怕是难以给乔经理留下好印象了。经过部门同事的提醒，她还是找到了老周这里。还没等她开口，老周就变了脸：
"你不是可以搞定吗，找我有何贵干啊？"

一听这话，文文想扭头就走。老周肯定是误会她了，认
为她那天是看不起老周的能力，所以才不愿意接受帮助。但
同事都说老周工作能力强，只是过于敏感。如果文文不服个
软，向对方说几句软话，老周不仅这次不帮她，以后可能也
会用这个态度对待她。

于是，文文马上拿出真诚的笑容，对老周说："周主管，
您看您说的，我又不是孙悟空，哪能什么都搞定。我这个新
人到了公司，两眼一抹黑，还是得靠您这样的老前辈，业务
强又热心，希望您能帮我看看，我这个文案怎么老是通不
过呢？"

老周听了之后，脸色还不是很好看，继续说道："我以
为你可是名牌大学毕业生，瞧不起我呢？"

果然，文文猜得对，老周认定文文是嫌弃他职位低，所
以才拒绝帮忙。想来这也有自己的不对，纵然内心很委屈，
文文还是希望化解对方的误会："您这是哪里的话，您的实
力大家都知道，求您了，就帮我看看吧。您是大人不记小人过，
宰相肚里能撑船，别跟我这个小孩一般见识了。"

经过一番软磨硬泡，老周终于答应帮文文看看。果然，
经他这么一指点，文文的文案顺利通过。乔经理还夸了她两

句，这可是破天荒的。

想想文文的处境，在陌生的环境，在全新的起点，有求于人是难免的。但在有求于人的关键时刻，如果想要说服别人，就要学会先服软，该说软话时就要说软话。

适当地走"软性说服"路线，是我们打开成功大门的一把钥匙。不仅在工作中需要有求于人，生活中我们同样会遇到这种情况。会说软话的人，他们连问路都会轻松许多。"大爷您好，请问这个地方怎么走？我刚才转了两圈都没出去，可能迷路了，需要您的帮助。"礼貌地表达了求助的态度，大家肯定都愿意帮助他。

在说软话的时候，我们还要考虑两点，那就是尺度和口吻。为什么要把握说软话的尺度呢？因为以柔克刚并非示弱。如果在对别人说软话的时候过度夸张，别人很可能认为这个人是在谄媚自己，产生这种人为了达到目的，根本没有原则的想法。如果让对方产生这种想法，那就得不偿失了。当然说话的口吻也很重要。意思相近的两句话，说话的口吻不同，传达给别人的感觉也截然不同。冷冰冰的一句"你帮我一下"，会给人带来压迫感，软得不到位。但如果换成"打扰一下，能不能帮我一下呢？"这样的话语，就更容易让对方产生同情心。

我们常说，有种人很固执，他们吃软不吃硬。这种人，性格刚烈且有主见，一旦产生想法，就不会轻易改变。如果想说服这样的人，就必须通过有技巧的示弱与请求，通过言辞的力量，加上诚恳的态度，感动对方。

水是柔软的，石头是坚硬的，但水滴石穿，不是因为水结成了冰，用锋利刺穿了石头，而是在时间的考验中，水滴靠自己的柔软一点点打穿石头。说服同样如此，做一个懂得柔软沟通的人，便能说服成功。

心理暗示——说服的最高境界

心理暗示是生活中极其实用，也很常用的一种说服技巧。比如，当我们想喝奶茶的时候，可以试着这样跟同伴说："我们是喝珍珠奶茶还是椰香奶茶？"大多数人听了这话，第一反应就是在其中任选一个，而不会想到要喝咖啡。还有约别人见面，不要问对方有没有时间见面，而是问今天还是明天见面。这是因为，这种选择性的心理暗示会束缚对方的思维，让对方从我们的提示中选择一个来实现我们的愿望。

当然，想要通过心理暗示的方法来说服别人，必须具备极高的情商和细致的观察力。

街头和街尾各有一家早餐店，它们每天的客流量都差不多，早餐分量也都一样，但街头那家早餐店每天早早地就卖完了，而街尾那家卖到快中午的时候，依然还剩下不少早餐。

街尾那家老板很是奇怪，大家同样起早贪黑，准备差不多的早餐种类，为什么人家就能早早卖光，而自己却屡屡剩余很多，不新鲜的只能扔掉。终于有一天，他按捺不住自己的好奇心，来到街头的早餐店探个究竟。

他假装成客人，服务员过来之后，他点了一人份的早餐，可是服务员并没有走，而是笑着问他："请问您加一个鸡蛋还是加两个？"他不自觉地回答："来一个。""好的，您还需要来一包榨菜或者海带丝吗？""榨菜就可以了。"就这样，街尾这家老板就多要了一个鸡蛋和一包榨菜。

他边吃边观察周围其他客人，发现自己不是个例。好多客人一开始点餐的时候并没有要鸡蛋，但是大部分人会在服务员的询问之下要一个或者两个。没有要饮品的客人，服务员会让你选择要牛奶还是豆浆；没有要咸菜的客人，服务员会让你选择要榨菜还是海带丝。所以，服务员的这种询问，在不经意中就增加了早餐的销量。

表面上看，"你选择这一个还是那一个"只是一个简单的问句，实际上却是一种制造别无他选的心理暗示，要点就是给人提供有且只有两个选择，就可以达到一种普遍的认同，再没有其他选择，只能选择其中较好的那个。不管你是选择豆浆还是牛奶，对方都实现了说服的目的。

我们也要注意，心理暗示的要点在于，说到对方的心里面去，揣摩透对方的心思非常重要。所以，我们要一步步地斟酌话语，形成连环套路，让对方认同自己的提议，并支持自己的观点。这就是我们所说的潜移默化地说服。

李晓是一个特别厉害的销售员，不管是在商场卖男装，还是跳槽到公司拉广告，都有不俗的成绩。他的方法非常简单，就是给客户两个选择，让他们二选一。比如，有顾客试穿衣服出来，李晓会卖力赞美他的试穿效果，"很帅气""有气场"。当对方陶醉于镜子里自己的穿衣效果时，他会适当地提出"更好"的建议："您是穿着走还是包起来？"听到这句话，就算顾客没有买衣服的计划，也不好意思拒绝这个提议，顾客会在对方暗示购买的话语中下单。

由上可知，如果能熟练运用心理暗示的方法，就能让我们在"说服战"中成为常胜将军。但在做心理暗示的时候，我们也要避免产生消极的影响。因为消极的暗示，即便产生了说服效果，也没有什么意义。

第三章

心中有逻辑，才能将人拉进"套路"里

- ☑ 话多未必就好，达意才有实效
- ☑ 说辞条理清晰，便会字字珠玑
- ☑ 言辞凿凿，不如会讲故事
- ☑ 逻辑严密，说服更有效力
- ☑ 口无遮拦，到哪里都不受欢迎

话多未必就好，达意才有实效

说话是人与人之间最基本的交流方式，也是人与人建立感情的一个重要环节。仔细观察就会发现，那些说话词不达意的人，即便付出了十分努力表达自己，对方也只能收到一分的意图。会说话的人，总是轻易就能说服别人，哪怕只说了一分，往往也能换来别人十分的认可。

会说话的人不一定是多说话的人，多说话的人不一定是会说话的人。生活中，人们常说："酒逢知己千杯少，话不投机半句多。"不过，很多时候，我们要试着从自身找找原因，为什么别人能够和他人把酒言欢，高高兴兴地聊天，而我们没说几句，却落得话不投机的结果呢？

你可能会觉得是口才的问题，但实际上是谈话的逻辑问题。话不投机很可能是因为说服的逻辑出了问题，说出来的话大多做了"无用功"，没有起到沟通和说服的作用。

　　小刘开了一家二手车行，但是他的生意不太好。通常情况下，前来购买二手车的客户总是喜欢挑毛病，不是说这辆汽车有些小问题，就是说那辆汽车有些破旧。其实，小刘也明白，客户这么做，无非就是希望他能降低一些价格。可小刘是个很认真的人，客户每提出一个问题，他总是本着知无不言、言无不尽的原则，把问题解释清楚。

　　可是慢慢地，小刘发现，自己每次说得口干舌燥、嗓子冒烟，把客户提出的每一个细节问题都从技术层面解释得非常清楚了，客户似乎并不怎么买账，甚至有的客户根本就没有认真听，或者是马上又提出另一个问题，导致小刘疲于应付，销售业绩始终没有提升。

　　小刘知道这样下去不行，可却不知道怎么赢得客户的欢心，让他们愿意听自己解释。没办法，他只好请教自己的一个朋友。

　　听了小刘的困扰，朋友笑着说："你知道你和客户为什么会话不投机吗？就是因为你总是从自己的角度出发，没有顺着对方的心理。当客户说车子不好时，显然是想要你把价格降低些，可你却摆出专家的样子，和客户滔滔不绝地解释，这样客户能愿意听吗？"

　　小刘看着朋友，疑惑地问："那我应该说什么呢？"

　　朋友继续说："这时候，你应该让他们自己拿主意，问他们想要什么样的车子，想要花多少钱买一辆车子。然后，你再给予他们适当的肯定和建议，客户就不会对你说的话产生排斥感了！"

　　朋友的话，让小刘茅塞顿开。是啊，很多时候，你越是想要解释什么，越是想要客户接受你的观点，客户就越反感。既然他们想要用便宜的价格买到合适的车子，我为什么不顺应他们的心理，主导我们之间的谈话呢？于是，小刘决定改变自己的说话策略。

　　小刘又接待了一对看车的夫妇，他们和其他客户一样，总是说这辆车不好，那辆车有些小毛病。这时候，小刘没有像往常一样给他们解释，也没有反驳他们，而是带着他们到了一辆新的汽车旁。

　　小刘面带微笑，谦虚地说："看起来您对汽车很在行，那么请您看看这台新的汽车怎么样？"

　　男客户听了小刘的话，脸上露出笑容，说："我确实知道一二。"于是，他便绕着这辆汽车看了一圈，又试驾了一圈，然后对小刘说："虽然这是辆二手车，却有七八成新，性能还是不错的。"

　　小刘听了之后，点了点头，说："您说得没错。如果您买这个车子，觉得它值多少钱？"

男客户想了想说："这辆车子如果我买的话，只能给出3万元。"

小刘虽然觉得这个价钱有些低，但也没有直接反驳，只是笑了笑，然后问道："如果您是销售的话，想要卖多少钱呢？"

这时男客户有些脸红，不好意思地开口说："我知道我给的价格低了些，不过只能再加5000元，不能再多了。"

结果，小刘和客户达成协议。这对夫妇非常满意地付了钱，开着车子离开了。

试想，如果小刘还是像以前那样，反驳客户的想法，滔滔不绝地解释这车性能如何好，成色如何新，而客户付的钱实在太低，又会出现怎样的情形呢？恐怕这对夫妇早就一脸不高兴地离开了！

所以，是高兴地畅谈，还是话不投机？关键在于我们是否能够抓住客户心理，并且顺着对方的心理说出让他们顺心的话。只要我们能做到这一点，不管是谁，都可以实现高效沟通。

当然表达自己的看法，是我们谈话中最重要的事情，也是我们谈话的最终目的。而对方的期待，只是这个谈话过程中可以利用的工具。所以我们要抓住根本，争取一切机会说自己想要说的话，再以对方的期待保证谈话气氛，使对方不知不觉接受你所说的话，最终实现说服对方的目标。

日常生活中，如果我们想要在与人聊天中和别人说得更投机，赢得对方的信任和喜欢，从而说服对方，就应该学会取悦，多顺应对方的心理期待。毫无疑问，当对方觉得你是为他们着想，他们的心理就会发生变化，由排斥慢慢地变为接受，再到喜欢和信服。这样一来，我们自然就可以畅快地交谈，沟通目的也会实现。

说辞条理清晰，便会字字珠玑

我们知道，会说话的人往往语言简明扼要。事实上，那些口才好的人，说起话来不是天花乱坠，滔滔不绝，而是少言慎言，每句话都能做到条理清晰，每个字都能做到掷地有声。俗话说："蛤蟆从晚叫到天亮，引起人们反感；公鸡清晨只啼一声，人们就起身干活。"意思就是，话贵在精，只要条理清晰，便是字字珠玑，让人信服。

1903 年 12 月 17 日，美国发明家莱特兄弟驾驶飞机成功离开地面，实现了人类千年来的飞行梦想。莱特兄弟顿时誉满全球，他们被英国王室邀请，参加高贵而奢华的宴会。宴会上，贵族们都希望莱特兄能为大家讲一讲成功的心得。不善言辞的兄弟二人推辞不过，最终大莱特走上前台，只说了一句话：

"据我所知，鸟类中只有鹦鹉会说话，而鹦鹉是飞不高的。"

话音刚落，台下掌声如雷。

其实，莱特兄弟完全可以趁机大说特说他们在发明过程中遇到的困难，但他们没有这么做，而是用一句非凡的话语高度概括了创造过程中的艰辛和埋头苦干的精神。

如果你说话主次不分，简单的事情反而说得烦琐，不仅会占用听者宝贵的时间，也会使听者觉得你不尊重他。同时，说话没有条理的人，一定是重点不清晰，语言前后搭配不得当，才会来回重复引用，希望能阐述清楚自己的观点。谁愿意和一个思路不清晰的人打交道呢？那么，为了增加自己与他人沟通时的魅力，必须果断摘除自己"毫无条理"的头衔。

正如拿破仑·希尔所说："谈话者最应该注意，也是最重要的原则是'条理清晰'。"谈话者对自己要讲的主题心知肚明，但对方并不清楚，所以要想在短时间内让对方接受一种新的理念，并时刻考虑与谈话者的利益关系，在分心的情况下，对方是无法判断说话者要阐明的"要点"的。

著名人际交往专家塔尔布罗斯说："在与他人沟通时，如果连自己都不清楚所要阐述的主题，又如何让听者理解你的讲话呢？这样的讲话，说多少都是废话。"也许有人会问，我也知道清晰沟通的重要性，但如何才能做到清晰表达呢？

我们知道，与人沟通不是简单地说话，需要提前做好功课。在大脑中尚未形成完整的逻辑链条时，嘴巴不能急于表达。因为这时思维链条并不完整，着急说话的结果不是说错就是卡壳，任何一种情况出现都会严重影响沟通效果，甚至会中断沟通。

因此，必须让自己的表达比大脑慢半拍，给大脑留下缓冲的余地，先在大脑中过滤一遍你想表达的事情。当然，并不是要我们把所有的话都"预听"一遍，而是把"主干"理清楚，感觉基本框架没有问题了再开口表达，在表达过程中可以为"主干"添加枝丫，做到出口千言而不离中心。

例如，你想要说服你的朋友陪你旅游，那么你必须先表达自己想旅游的意愿，然后说出将要旅游的地点、景点，其中景点又有哪些看点。这样条理清楚地说给朋友听，朋友才会心动，被你说服。倘若你没有确定好旅游地点，对朋友左说一个景点，右说一个景点，他必然认为你什么都没有安排好，继而失去旅游的兴趣，又怎会陪你一起去呢？

我们不可能仅仅凭着一个观点或是几句话就把人说服。在说服过程中，一定要罗列出很多观点、理由。如果还无法说服对方，那就看看我们的观点和理由是不是缺乏条理性。

因此，想要说服一个人，必须将自己的观点和理由有条理地说给对方听，做到随机应变、字字珠玑，这样你的说服才能成功。

言辞凿凿，不如会讲故事

　　生活中，没人爱听大道理，这无关人的智商与地位，而是源于人类的本性和内心。针对这种情况，营销领域流行一个词叫作storytelling，直译成中文就是"讲故事"。即以讲故事的方式进行内容营销，本质上是把自己的故事用大家喜闻乐见的方式表达出来，激发受众的阅读兴趣，搭建品牌和客户之间的桥梁。

　　无论是纸媒时代还是新媒体时代，我们见证了太多依靠故事营销取得成功的企业和品牌。从另一角度来说，我们也可以在日常沟通过程中利用这种"讲故事"的能力提升说服力。毕竟，干巴巴的表述很难打动别人的心，而一个精彩的故事则可以让对方在不知不觉中认同我们，接受我们的意见。

　　我们知道，位于加拿大和美国交界的尼亚加拉大瀑布水量惊人，每天浪费的潜在能量极为惊人。如果让你为别人具体讲述尼亚加拉大瀑布的能量损失，你会怎样说？难道仅仅是说上面的一句话吗？那样是多么的平淡无奇，再说别人对你所讲述的事情也根本没有概念，自然不会产生共鸣。

我们来看看美国有着 20 年主持经验的埃德温·洛森是如何讲述的：

> 我们都知道，美国境内有几百万人因为贫困挣扎在死亡线上。然而，尼亚加拉大瀑布却在无休止地浪费着：它平均每小时要白白浪费掉 30 万个味道各异的面包；每小时有 80 万个新鲜的鸡蛋从悬崖上被抛下去，在旋涡中制成一个大大的蛋糕；它是一台 1300 米宽的超级织布机，但所织出来的巨幅印花布匹都顺着水流漂走了；我们还可以想象，每天有一家大型百货公司被它带到了湖底……

在这段话中，埃德温用了很多比喻性描述：30 万个味道各异的面包、80 万个新鲜鸡蛋从悬崖上被抛下去、旋涡中有个巨大的蛋糕、1300 米宽的织布机、巨幅的印花布匹、一家被卷进湖底的大型百货公司……当人们听到这些比喻性描述时，自然会想象出一幅栩栩如生的画面，甚至会脑补出形形色色的故事。

日常谈话中，尤其是需要说服对方时，一定不要用抽象的描述去表达，最好用形象具体、耳熟能详的语言，用讲故事的方式说出来，这样才能让别人在最短的时间理解，而这样的沟通才是高效的。

此外，与苦口婆心的说服不同，讲故事的方法可以最大限度地调动起对方的积极性，从而让对方主动了解和接触我们所要表达的东西。在心理层面，人是有好奇心的，对自己不熟悉、不了解的事物都会觉得新奇而想去了解。许多优秀的推销员在销售过程中就经常利用客户的好奇心理，让客户对产品产生兴趣，最终达成销售的目的。

张帆是某家房地产公司的销售员。这天，他接待了一个很年轻的客户。张帆一开始并没有直接推销房子，而是跟客户聊了起来。他说："我像你这个年纪时，凭着一股闯劲独自来到北京，出了火车站才发现自己完全是一头雾水，不知何去何从。你知道吗？这时要不是我遇到了一个朋友……"说到这儿，张帆故意停了下来。

果然，客户问："后来发生了什么？"张帆见成功引起客户的好奇心，继续说："后来，我在朋友那儿住了两天，在他的帮助下，找到了现在这份工作。"客户说："原来如此。"看得出客户对张帆的回答很满意。

张帆接着说："所以，像您这样年纪轻轻就能够买房，一定是相当有能力的人。你喜欢什么样的户型呢？"接下来，张帆便陪着客户挑选户型，成功卖出一套房子，还和客户成了无话不谈的好朋友。

通常当别人讲了一个故事却没有说出结局时，人们往往会好奇地问："后来呢？"张帆就是利用这点来销售房子的，先用故事激发客户的兴趣，等客户发问时再详细解答，满足客户的好奇心。在这个过程中，客户逐渐熟悉了张帆，对张帆产生了好感并有了信任，再推销房子就顺利多了。

很显然，在提问过程中，提问者可以利用对方的好奇心来提问，一开口就让他感兴趣，继而投入热情的互动中，一举两得，既满足了对方的猎奇心理，又能够让提问者获得想要的信息。

我们在日常生活中同样是如此，如果能够用讲故事的方式勾起对方的好奇心，并让对方主动了解我们所要表达的东西，就意味着我们的说服已经成功了一半，剩下的就要看我们能否抓住机会，结合对方的好奇心和关注点，有针对性地进行沟通和交流，从而获取更多的有用信息，顺利说服对方。

关于"故事营销"的方式，在新媒体时代，相信大家都有深切体验。无论是新闻还是推销，都要有一个相当吸引眼球的标题勾起阅读者的好奇心，用一个个吸引眼球的故事获取点击率。这并非互联网时代新媒体的创新，而是人性使然。

逻辑严密，说服更有效力

在日常沟通和交流过程中，说服他人的关键不仅在于技巧，更在于背后的逻辑，就是说话要有条理，不丢三落四、颠三倒四，按照比较缜密的逻辑顺序把事情或道理说清楚。

小亚是一家商贸企业的经理助理，无论是对内的部门会议还是对外的合作会谈，他都得亲力亲为，协助经理处理商务信件，起草文件、报告、计划书等各类综合性文件。小亚的学历很高，文笔也不错，然而令他烦恼的是，每次他说话的时候，别人都反映听不太懂，甚至感到厌烦，这让他很尴尬。

这天，小亚向经理请示会议安排工作，以下是他的陈述：

"王经理，刚刚客户李先生打电话说，由于他那边出现突发事情，今天上午10点的会议无法准时开始，李先生建议晚一点开，或者下午也可以。我已经咨询过会议室的负责人，他说我们的会议室今天 11 点之后和 16 点之后都有安排，只有 15 点到 16 点之间是空着的。李先生说他晚上还有一个重要应酬，会议最好在 17 点之前开始，我建议把会议时间定在 15 点，您看可以吗？"

以上表述是不是让人感觉很混乱？条理不清，啰里啰嗦地说了一堆，别人仍是云里雾里、晕头晕脑，完全不知道他要表达什么。小亚之所以这样，说到底是他缺乏逻辑思维，不能真正有效地表达自己的想法。

可见，说服不是口头上的较量，而是思维上的战争。逻辑缜密，才能表达畅通，更容易让对方理解和接受。

既然如此，在交流和沟通过程中，我们怎样表达才能体现出自己的逻辑思维能力呢？我们不妨把想要表达的内容按顺序拆分为一个个小的步骤。这如同我们吃饭，食物吃下去之后按照次序经过胃的研磨、分解，然后肠道吸收营养成分，语言也是一样。人们之所以没有把要说的话组织好，往往是因为没有给大脑留下一个缓冲时间，思考不成体系，也不够成熟，因此在说话时，可以试着让嘴巴比大脑慢半拍，先在大脑中过滤一遍想要表达的内容。

这里，我们要运用条理清晰、主次分明的逻辑思路，有计划地安排所表达内容的顺序：先提出观点，然后通过归纳和演绎充分思考论据，进行详细解释，层层递进，逐步展开。注意，每组表达的内容要属于同一范畴，按逻辑顺序组织。

日常生活中，那些说话没有逻辑的人，常常不着边际、洋洋万言，却切不中要害，这等于白说。所以，说话要突出重点，切中要点，用逻辑思维指导我们的沟通和交流。

在跟别人谈话之前，你要想一想最需要传达的是哪些信息，如何才能最简练、最有效地把这些信息传达出去。也就是说，你需要用最简洁、不重复的语言，表达最全面的信息，让对方能够立刻明白你传达的是什么信息，它的内容是什么。

比如在小亚的例子中，小亚可以把自己的语言重新组织一下："王经理，刚刚客户李先生打电话说，因临时有事原定上午9点的会议需延迟，结合李先生的时间安排和我们会议室的使用安排，我建议把会议时间定在15点，您看可以吗？"

这样的表述简短地传达了重点内容，是不是清楚很多？具体来说，我们不妨按照"先说结果，再说问题"的逻辑来安排自己的表达顺序。日常谈话中，我们经常站在自己的角度说话，而没有考虑对方想听到什么，这就容易导致说出来的话没有针对性，逻辑性比较弱，这是许多人容易犯的错误。

例如，当老板问"某个事情搞定了没有"时，很多人会脱口而出："我做了很多努力，跑了十几个地方，花了多少时间，见了多少人……"或者"一开始怎么样，后来怎么样，再后来……"其实，老板最想知道的，并不是你做了哪些努力，也不是你有多么辛苦，而是任务有没有完成？什么时候能完成？

所以，不妨先说结果，再说问题。结果是什么？为什么会这样？接下来怎么做？这样的表述，可以有效传递最重要的内容，通过逐步引导，给出一个完整方案。

领导问："说说你这个月的工作完成情况？"

甲答："上个月我几乎四五天就完成一份文案，第一份文案的客户是一家电器公司，主要用作产品宣传和推广，相对复杂些，但已获得客户的认可；第二份文案比较容易，是一款主题海报，客户的意见是……"

乙答："我上个月完成了五份文案工作，其中两份文案已获得客户认可，目前已经在客户公司内网以及两家门户网站发布，其中一则文案上线三天，关注人数已经突破一千人次……"

甲的这种回答方式虽然看起来有条理，但是很容易让人有疲倦感，且内容凌乱，领导听了前面的大段内容可能还是不明就里。乙一开始就说结论，领导会第一时间清楚他的工作结果，如果老板有时间听原因，那就补充，没有时间往下听也没有关系，因为他已经知道了最重要的。

毫无疑问，乙的回答更清晰。

另外，说话有逻辑还需要用上合理的顺序词，比如首先、其次、很重要的一点是……这样的语言表达方式，会让你说的话显得很有条理性。

当你能清清楚楚地剖析一件事情，且观点明确，前后一致，说理严密，合乎逻辑时，你就可以让他人明白、接受自己，与他人建立良好的人际关系，继而同更多人合作、分享、共赢，不断创造属于自己的精彩，举手投足间产生不可思议的魅力。这就是逻辑思维带来的力量。

口无遮拦，到哪里都不受欢迎

生活中，我们经常遇到这样一些人：他们貌似口才极好，一打开话匣子就滔滔不绝，也不管听的人是否乐意听，只管自己说得痛快；当与别人发生争执时，他们也会十分较真，直到让对方闭口不言才罢休，从不顾及他人的面子与感受……

有句俗话说："一句话使人笑，一句话使人跳。"语言就是具有这样的魅力，可以让人心情愉悦，也可以让人暴跳如雷。这关键就在于，说话的人是否掌握说话技巧，考虑到对方的感受。

小伟结婚，邀请大家前去参加婚礼。婚礼主持是一位年轻帅气的小伙子，他的普通话十分标准。他先是说了一段活跃气氛的开场白，等新郎新娘走上舞台时，又煽情地说："在座的亲朋好友应该都知道，我们的新郎和新娘青梅竹马。话说'青梅竹马'这个成语起源于宋代，据说宋代有一个女词人，她与丈夫从小一起长大……"

就在这个时候，同事小黄忽然站起来大声说："主持人，'青梅竹马'这个成语可不是出自宋代，而是出自唐代诗人李白之手。一看你就没查资料，这样会误人子弟的！"

这么直接的呛声令主持人有些难堪，脸色一阵红一阵白。他努力克制自己的语气，说道："这位先生，您说青梅竹马出自李白之手，有什么证据吗？"

"让我告诉你吧，这个成语出自李白的《长干行》，诗句是'妾发初覆额，折花门前剧。郎骑竹马来，绕床弄青梅。'"说完，小黄扬扬得意地看着主持人，继续嘟囔道，"哎，肚子里没三两墨水也敢当主持人，我真是佩服！"他一边说，一边做着佩服的手势，引起大家一番哄笑，全然没有察觉到主持人面色僵硬，新郎新娘脸上也露出不悦的神色。

如果说话口无遮拦，在不适合的场合说出不合适的话，就会因自己的言语而得罪人，或是让自己陷入被孤立的境地。高明的沟通者很懂得说话之道，他们明白在什么场合说什么样的话。

不管在职场还是生活中，像小黄这样的人其实很多，他们与人说话时不过脑子，口无遮拦，不留余地，常常让人下不了台。他们的初衷也许不是为了为难谁，也不是为了让人下不了台，但不管有意还是无意，一时口舌之快，只会让他人觉得不舒坦。所以，这种人，即使他们的工作能力被领导认可，说话口无遮拦也会阻碍职场发展。

正所谓覆水难收，玉碎怎能无痕？我们要想成为高情商的人，就要在日常言谈中有所保留，什么话该说，什么话不能说，什么话绝对不能说，都要在内心有个标准。这不是虚伪，相反说话有分寸，做事有把握，恰恰是一个人有修养、有智慧的体现。这样的人，既让别人愉悦，也使自己受益，无论走到哪里，都会受到欢迎。

一个真正高情商的人，每每与人交谈时都会提醒自己，说话时最忌冒冒失失、口无遮拦，要仔细斟酌，理解别人的感受，给对方台阶下，做到话留三分。这样做虽说不会战无不胜，但也不至于因一时失言，使自己陷入退无可退的境地。所谓的"看透不说透，还是好朋友"，说的正是这个道理。

那些会说话的人，即便说再多的话也不会得罪人，使人厌烦；而那些不会说话的人，因为不懂得察言观色，不懂得观察说话时机，即便只说一两句，也会伤害到别人。所以，不管什么时候，说话之前，我们一定要察言观色，自我审视一番，说出最恰当的话来。

第四章

说服也讲演技，让自己浑身上下都是说服力

☑ 非语言表达，效果令你惊讶

☑ 形象讨喜，也是说服的前提

☑ 百变的眼神，是慑服人心的利器

☑ 恰当的手势，能渲染说服的气势

☑ 你笑得有多"可爱"，他就对你有多信赖

☑ 掌握节奏，才能奏出和谐的音符

☑ 眼泪是打动人心的最好方式

非语言表达，效果令你惊讶

　　说服两个字，重点是在"说"上面。说服主要靠语言，这毋庸置疑。不过，还有一种非语言表达，就是利用各种辅助性的东西来代替语言。语言是抽象的，辅助性的道具却是具体的，两者结合，就能够成为真正的说服高手。

　　非语言表达包括什么呢？比如，让产品自己"说话"，或者用动作代替语言，甚至还可以随身携带照片、图片、挂图、放大镜等视觉辅助用品代替语言。当我们带着这些东西，又掌握了示范的技巧，就能领略到非语言表达的魅力。有时候，一个简单的动作示范，就能让人印象深刻。

　　一位推销员在推销牙刷。他敲开一户人家的大门。男主人走了出来，这位推销员立马拿出两把牙刷说："先生您好，我是一个牙刷推销员。现在请您看看这两种牙刷有没有什么不同？"男主人配合地拿过牙刷，仔细观察，发现并没有什么不一样的地方。于是，他摇了摇头说："没有什么不一样的。"

听了这话，推销员立马从自己的口袋里掏出一个放大镜递给这位男主人，并说道："麻烦您再用放大镜观察一下。"男主人接过放大镜，认真地观察着两把牙刷。这期间，推销员并没有说话。客户看完之后说了一句："红色的这把牙刷的毛更细更均匀，质量更好。"

于是，这位顾客为全家人各买了一支牙刷，推销员开心地离去了。看着对方开心的样子，这位顾客也很开心，自言自语道："看来，我也应该准备一个放大镜。"原来，这位顾客也是做生意的，他是一名毛衣经销商。有的顾客在购买毛衣的过程中看不出高档与中档毛衣的区别，任你说得唇干舌燥，他却依然嫌标价过高。

通过这一次买牙刷的经历，他明白了有时候不必非用语言沟通。所以，他也买了几个放大镜。每当有顾客上门，他总会拿出两种不同的毛衣让顾客自己用放大镜去观察、比较。很快，他就把那些竞争者甩在后面。因为比起语言，人们更相信自己眼睛看到的事实。

　　说服他人的过程，有时候简单，有时候却困难重重。对方如果是意识敏觉的人，会一眼看出你的目的。所以，大部分推销人员出门谈生意，都会带着自家的产品或者资料。因为他们深知，仅仅向对方展示外观远远不够，还应该具体介绍产品的功能和特性以及使用方法。这期间，你只要做好说明性介绍，并不需要过多的劝说。如果情况允许，还可以让客户亲自动手尝试，这比推销人员做示范更能引起客户的兴趣，说服效果自然更好。

　　说服别人本身就是颇有难度的事情，把自己的观点传递给别人，并让对方接受这份"大礼"。如果对方随和，听得进别人的话，难度也许会小一点。但如果对方固执己见，不愿意接受新观点，难度就很大了。这时候，我们该怎么办呢？是不是就束手无策？

　　不要害怕，一时找不到说服对方的办法，也不要轻易放弃。看看周围有没有能够帮助你的小道具？巧妙地利用它们，这其实更考验说服者的反应能力。

　　当年，哥伦布发现了新大陆，顿时成为大家传颂的英雄。他带队归来之后，经常被邀请参加各种活动。虽然王室贵族都肯定了他的战绩，但也有人认为他只是运气好，并不是完全靠他本人的实力。面对这些言论，哥伦布并不在意。

　　一次，他受邀参加一个活动。现场大部分人对他很客气，但有一个人对他却非常不客气他说道："哥伦布，你没有什么特殊才能，只不过是运气好了一点。你看看，你的装备、物资、人力、物力都是王室提供的。如果别人也拥有你这样的条件，发现新大陆的就不是你了。"话音未落，在场的人都哈哈大笑，并把目光投向哥伦布，等着看他的反应。

听到这样的评价，哥伦布难免心有不快，但那又能怎样呢？把自己找寻新大陆的艰辛再说一遍，恐怕不仅说服不了他们，还会被奚落一番。

只见他非常绅士地拿起餐桌上的一个鸡蛋，然后向大家问道："谁能把它立在桌子上？"很多人拿起自己面前的鸡蛋，用各种方法尝试，但鸡蛋怎么都没有办法立起来。

此时，哥伦布站了起来，拿起一个鸡蛋，在桌子上轻轻地一磕，这个鸡蛋马上就立了起来。他再次环视全场，微笑地看着大家。这时，人群中有一个声音嚷道："你这胜之不武啊。如果是用你这样的办法，我们在座的人有谁做不到呢？这没有什么值得炫耀的？"

哥伦布还是不急不恼，微笑着说："每个人都可以通过磕鸡蛋的方法完成任务，但是在我这么做之前，你们有谁想到了这个方法呢？"

那些奚落他的王公贵族你看看我，我看看你，都说不出话来了。

　　哥伦布借用鸡蛋这个辅助道具，轻松地就把对方说服了，实在是比唇枪舌剑还要厉害。

　　非语言表达的特点，就是通过借用小道具，用行动和示范表达自己的观点，这个有时候比口才更加有用，因为它能把道理展示得清楚、明白。所以在条件允许的情况下，不妨试试非语言表达，你会发现它的魅力。

形象讨喜，也是说服的前提

重视自己的仪表和形象十分重要，这事关第一印象。不管做任何事情，我们都要保持自己的最佳状态，其中包括心情、形象和心理。如果能在沟通中保持最佳状态，不敢保证百分百地说服别人，但最起码也会给对方留下良好印象，可能会为以后的合作打下基础。

注重仪表的人，以良好的形象出现在别人面前，会传递出专业性和严肃性。如果不能保持最好的状态面对说服对象，那么可能在一开始就会处于劣势地位，说服最后只能以失败告终。千万不要认为口才好就能搞定对方，这种想法过于简单。我们还要让自己的形象保持自信、阳光、整洁、干净，这是最基本的要求。俗话说，人靠衣服，马靠鞍，一个好的形象非常关键，它关系着你的说服效果。

为什么说形象讨喜是说服的前提？因为我们看一个人，往往会先通过他的外表分析地位、家境、学历等，然后再通过他开口说话判断其用意与诚意，才能建立心灵上的沟通。

　　小林是一名出色的推销员，熟悉他的客户都知道，他是个可靠的人。从他手里买的产品，不仅售后有保障，还会有额外福利。

　　一天，小林上门拜访新客户。对于这次拜访，小林非常重视。他准备了一套干净合体的西装，认真地洗了头发，擦干净皮鞋。对着镜子里帅气的自己，他打了个响指，自信满满。

　　谁知好巧不巧出门时与办公室的同事撞了个满怀，同事刚冲好的一杯热咖啡全都撒到他的衣服上！小林看着自己散发咖啡味的西装，内心哀号一声：这可怎么见客户啊！

　　眼看就要到见面的时间了，没办法，他只好借同事的备用衣服穿。同事的衣服皱巴巴的，款式还老旧，上面隐约还有一些洗不掉的污渍。

　　到了客户那里，他明显感觉到客户公司的助理看自己的眼神怪怪的。他只能硬着头皮，来到客户的办公室。俩人一番寒暄之后，小林拿出准备的资料，向对方介绍公司的产品。

　　他不断地对客户说："您放心，我们公司非常专业，不

管是产品质量还是服务，都是到位的。我有许多客户，可能
您也知道，他们都从我这里拿货。如果您跟我签合同，后面
的事情完全不用担心，我会一直跟踪，有什么事情尽管找我，
我肯定会让您满意。"

　　话虽这么说，可他能明显感觉到，客户在他的衣服上扫
来扫去。对于他的介绍，对方并没有表现出坚定的购买意愿。
小林知道，客户肯定是对自己的形象有想法，所以迟迟不
肯表态。对一个人没有信心，对他销售的产品，又怎会有信
心呢？

　　于是，他决定放手一搏："王总，您是不是觉得我这身
造型有点奇怪？衬衣和西装搭配得奇怪，裤子皱巴巴的，肯
定没有熨烫。您看到我肯定会想：哪个人能相信这个人的话
是真的？如果他说的是真的，为什么他这么落魄？如果他是
专业的，为什么不知道专业人员需要注重个人形象？"

　　王总被他猜中了心思，便不好意思地摇摇手说："没有，
没有，你这一身挺随意的，挺好的。是我老了，跟不上你们
的审美了。"

　　小林哈哈笑了几声："什么审美啊，连我自己都觉得这
一身不靠谱，一点都不是我的风格。实话跟您说，我今天本
来打扮得堪比新郎官，想给您留下一个好印象。谁知刚出门，
就和同事撞了个满怀，他的咖啡洒了我一身。我担心迟到，

只好就借了同事这一身备用衣服来见您了。"

听了他的解释，客户如释重负："说的就是啊，你在电话里的表现这么好，我也觉得你应该是特别注重个人形象的，怎会穿这么一身就出来了。现在误会解除了，咱们再看看合同，如果没有什么问题，那就签合同吧。"

形象其实是一种硬核说服力，它是最直接的语言，是对一个人最直观的判断。当对方认同你的形象时，才会产生继续交流下去的欲望。我们得到对方发自内心的认可，才能游刃有余地跟对方交流，然后说服他。

试想，如果一个卖化妆品的人素面朝天，脸上满是痘痘与黑头，她的化妆品不管多好，都很难卖出去，因为她的形象让人产生了不信任的感觉。

所以，要想说服他人，首先要从自己的形象开始努力。谁都喜欢看起来精致漂亮的人，这是我们拉近距离的一个突破口。沟通中，只有让对方产生好感和信赖，才能提高我们的说服力，因此，做一个形象讨喜又擅长说服的人吧！

百变的眼神，是慑服人心的利器

　　俗话说，眼睛是心灵的窗户。一个人的眼神，通常反映他的内心。如果说有人会控制自己的小动作，来避免被人看出他的情绪，那很少有人能控制自己的眼神。人们在谈话过程中会不自觉地运用多种肢体语言，比如眼神调动、手臂挥摆、双脚点地等小动作。有时候，学会利用这些小动作，可以帮助我们在沟通中找到主场地位。

　　如果一个人能熟练运用眼神配合自己的表达，表明沟通说服的态度，就能把眼神变成慑服人心的利器。有人会质疑，眼神真的有用吗？答案是肯定的。因为人的情绪传递，能够通过眼神表现出来。比如，人兴奋时，他的瞳孔就会变得很大，看上去炯炯有神；人情绪低落不开心时，瞳孔就会相应缩小，眼神看上去非常暗淡。

　　如果仔细观察周围人的眼神和情绪，你就会发现许多好玩的奥秘。如果一个人眼神躲躲闪闪，这个人可能偏内向或者是不够自信。相反，对方眼神坚定且不躲避，他内心一定有满满的自信。

　　没有肢体动作和眼神的交流，就像两棵树在对话，没有感情，也没有说服力。所以，眼神跟其他小动作一样，在我们的说服对话中，起到重要的作用。勇于尝试，多一点眼神交流，这是一种礼貌，更是与对方情感沟通的好方法。如果不看着对方的眼睛，无法让对方领会你的眼神，这种情况下，说服并不容易。

　　一位古罗马的演讲家认为："人们的所有心理活动都伴随着比画的肢体动作，肢体动作恰如人的一种语言，这种语言谁都听得懂。"看得出来，比画是说服的助攻手，更不要说眼神交流了。

　　所以，眼神用得好，说服跑不了。在人际交往中，面对复杂的环境、性格各异的说服人群，所运用的眼神要有变化。所以，我们要学会释放自己的眼神，观察对方的眼神。眼神能够传达出自己的心意，告诉对方自己坚定的态度，并为双方打下情感基础。

　　但在看对方的时候，我们要注意礼貌。如果是跟说服对象第一次见面，而彼此并不想把氛围弄得太僵，就要避免死死盯着对方。这会让对方感觉到局促和压抑，没有足够的回应空间。我们应该适当地表达出自己的亲和力，才是有礼貌的表现。

　　　　刚参加工作的小孙，跟着自己的师父出去跑业务。师父临行前告诉他："少说话，多观察，尤其是要观察彼此的眼神。商场上不好轻易说出口的话，都藏在眼神里呢。"虽然师父告诉了他，但小孙还是一头雾水，不明白师父的用意。

不过，师父是公司的王牌销售，教给他的都是书上没有的东西，他自然要好好听、好好做，看看师父能不能一举拿下大单。

小孙跟着师父敲开客户的办公室，三个人见面气氛还不错，彼此介绍完之后，就开始落座了。师父与客户坐了个对面，小孙在一旁的小沙发上，正好方便观察这场说服战是如何开始与结束的。

"孟总，您看看我们今天带来的合同，如果没什么别的问题，今天就可以签字供货了。所有条款都是咱们之前商量后敲定的，一个字没改，这个您放心。"师父表态了，小孙看到师父的眼神一反常态，不再是那么嘻嘻哈哈松散的感觉，而是变得非常镇定大气。他都感受到了师父的气场。

"合同是没有什么问题，你们家的产品质量我也信得过，不过……"客户用一种疑问的眼神看向师父。这是什么意思呢？小孙一时还没悟到。

他看着自己的师父，果然师父的反应也不太一样。他一会儿抿抿嘴，一会儿皱起眉头看看客户，一会儿又搓搓手，然后再次用眼睛看着客户。小孙一下子就看懂了，师父这几个眼神与小动作，是在表明他特别为难！

终于，师父用一种比较凝重的眼神看着客户："您既然有这个意向，按理说我应该满足您的要求。但是您也知道，我们本来价格就偏低，否则您也不会让我来谈。您突然提这一点，我还真是不能给您一个确定的答复。您能理解吧？"

两个人的眼神在空中对接了一会，信息量太大，小孙看完只能暗自揣摩，早就不知道自己来的目的了。只见客户听到这句话之后，虽然没说话，但是眼神躲闪，而师父却一直用真诚的眼神看着对方，好像在等一个答案。

终于，客户憋不住了。他伸出一个手指头，然后用求证的眼神看着师父。师父的眼球左右来回地动，仿佛在思考问题，下最后的决心。

终于，师父点了点头。客户也满意地笑了。合同签完，这一单算是拿下了。

回去的路上，小孙佩服地对师父说："您真是太厉害了！我第一次知道，说服对方不仅要靠嘴，还要靠眼。您刚才的演技无敌了。咱们的底线是三个点，没想到您用一个点就把他搞定了，太厉害了。"

生活中，我们可以用眼神鼓励，也可以用眼神批评，同样，用眼神说服也是可以做到的。

眼神像是生命中的一道灵光，赋予人无限的潜力。

恰当的手势，能渲染说服的气势

一位著名语言学家说过："手势可以缩短你和听众之间的距离，让你的重要观点更突出，并且让听众的情绪受到影响。"我们平时不管是日常沟通还是演讲说服，都能用到不同的肢体语言。使用肢体语言，尤其是使用恰当的手势和动作，能够让语言增加更多的说服力，提高对方对观点的认同，增强说服气势。

所以，真正擅长说服的人，他的嘴巴和手势会一直配合着，丰富说服的表现力。我们常常看到，说话铿锵有力的人，他们有共同的表现，那就是眼神坚定，手势丰富，感染力很强。

在信息传递过程中，如果不借助手势，沟通就会显得干巴巴的，不够饱满。如果一个人的说服力不足，气场不大，可以借助一些经典的手势，让说服更有力度。

我们经常看到各种战争片中，在进攻即将开始的时候，领导者总会鼓舞士气："同志们，跟我冲啊！"再加上高高举起的手臂，然后用力向前一挥，能让战士们充满信心和力量。

试想一下，如果领导者只是站着不动，没有任何手势，即便他把嗓子喊破，也难以有上述结果。

手势有着无形的说服力，它能让我们的语言更有感染力。想要给自己的说服增添分量，你就要懂得，一个强有力的手势比语言更具号召力，能够让人们的情绪高昂、激动。还记得列宁演讲时的经典动作吗？左手叉在腰间，右手有力挥舞，再加上有震撼力、令人激动的话语，这种肢体动作与语言的组合使说服有了强大的力量。

手势用得好，说话自然会散发出感染力。在激情洋溢的讲话中，积极的手势能释放演讲者内心的情感。攥紧双拳，是表达内心的愤怒；伸出右手的食指，是表达内心的坚定；高高举起右手，是表达自己的重视……可见，每一种手势都是情感表达的方式，能很好地调动听众的情绪。所以，加强说服力，手势表达必不可缺。

我们也要注意，不要刻意地给自己的哪句话设定一个动作，这样看起来就像表演，不够真诚，也不自然。这种"表演式"的手势，会大大削弱说服效果。我们都看过幼儿园孩子们的表演，他们被化上鲜艳的妆，穿上闪亮的衣服，嘴里唱着"太阳"，就用手画出一个太阳。即便孩子们天真可爱，可看着他们跟不上节奏的手势，感觉还是怪怪的。但如果他们在家里表演，不带有设定的动作，自己随意发挥，效果就会好很多。

想说服一个人并不简单，但不能因此就强行使用手势。我们需要遵循这样的原则，就是手势与说话保持同步。当我们的动作和演讲内容保持一致时，就是一场自然而有说服力的沟通。很多人不知道如何判断自己的手势对不对、好不好看、有没有说服力，很简单，你可以面对镜子练习，或者请别人帮忙，记录自己的惯性动作。

我们要尽量避免使用看起来软弱或不自信的手势，而要多多练习有力量的小动作。很多人喜欢两手交叉，放在小肚子前面，并且来回摩挲。但这种手势在别人看来是非常紧张的表现，试图通过小动作来掩饰内心的焦虑情绪。还有的人习惯把两只手交叉在一起放在身体前面，如果仪态大方也未尝不可，但很多人做的动作并不标准，给人一种软弱和不自在的感觉。这里还要提醒大家，切记不要伸出食指，对着别人指指点点，这在别人看来非常不礼貌。

除此之外，还要注意个人站姿。如果站得随意弯曲，不仅没有气质，还显得软弱无力。所以，站姿要牢固，有力量，好像一棵挺拔的大树，收起下巴，挺胸抬头，两腿自然分开。这样的站姿一开始会让人觉得不舒服，但时间久了，习惯了这种力量型的站姿后，再加上灵活的走动和手势进行辅佐，也就变得自然了。

不同的手势意义大不相同，使用恰当的手势可以帮助我们表达内心的感情。双手摊开并耸肩，表示自己无所谓，并不是很在意，也可以理解为无可奈何；两手同时向前推，说明此人性格果断，意在推进。如果觉得自己始终欠缺一点说服上的气势，不如试着加上手势，手势与语言配合，才能实现高效说服。

你笑得有多"可爱"，他就对你有多信赖

笑容与音乐一样，是无国界的。一个脸上挂着可爱笑容的人，总是让人产生信赖感。所以，微笑是我们最好的名片，能让对方对我们产生好感。大家都知道，在说服沟通中，谁能以情动人，赢得对方的信赖，谁就真正掌握了说服的秘诀。

虽说脸上的温度不能完全说明内心的态度，以貌取人并非明智之举。但冷若冰霜的人，给人的第一印象往往不太好，因为他缺乏最起码的亲和力。相处久了，也许我们会发现，冷若冰霜的人也有一颗温暖的心，但在沟通的第一时间别人很可能被"冰块脸"吓跑，以致双方没有了解内心的机会。

所以，保持可爱的微笑，是拉近双方关系的第一步。俗话说，伸手不打笑脸人。当你笑出温度，对方也会找到继续交谈下去的理由。感情牌打得好，交流自然变得顺畅。这样我们才能把自己

的观点传递给对方，并帮助他消化、接受，直到对方能够百分百支持自己，改变他们原来的想法。

有的人不喜欢露出笑容，他们在别人眼里会显得古板、高冷、不好接近。当刻板印象形成，也就很难再改变了。心理学上对刻板印象是这么解释的：人们对某个事物或物体形成的一种概括固定的看法，并把这种看法推而广之，认为这个事物或者整体都具有该特征，继而忽视个体差异。可见，未曾开口笑三分，能打消对方的顾虑。对方会因你可爱的笑容，认为你是一个好沟通的人。所以，尽情绽放你的笑容吧，在关键时刻，它能帮助你说话。

开口便笑，笑天下可笑之人；大肚能容，容天下难容之事。这种境界非常高深，一般人难以做到，这是一种理想境界。虽说我们不追求这种完美，但不管心情如何，在面对别人的时候，我们要尽量笑脸相对。

菜市场里有俩兄弟，各自开了一个菜摊。一开始，他们的生意都很红火，人来人往的菜市场，客流量非常大。但是过了几周，兄弟俩的差距就拉开了。哥哥家的菜摊生意蒸蒸日上，几乎忙不过来，一天下来蔬菜都卖得精光。哥哥虽然很累，但赚到了不少钱，还拉到了不少回头客。再看看弟弟，同样的起点，同样的价格，客流量却越来越少。一天下来，菜剩了不少，钱却没赚到几个。

　　弟弟非常苦恼，就来跟哥哥诉苦。"哥，你说他们怎么不爱来买我的菜呢？咱们的东西差不多，可他们宁愿绕远过来买你的，也不来买我的，真是奇怪。"

　　弟弟不知道其中的原因，哥哥却是明白的。哥哥每次招呼客人，全程都是"微笑服务"，不管人家提出什么问题，嫌弃他的菜不好，或者嫌菜太贵，他都不生气，还一直挂着笑容。

　　弟弟本身也是热心肠，奈何他却不太会笑，所以给人的感觉是不好说话、态度冰冷。面对这样的卖家，大家自然无法产生亲近感与信赖感。

　　所以，说服别人时不要冷面相对，这样会让人产生抗拒，那又何谈信任呢？有时候，微笑的力量是我们无法衡量的，对方会因你温暖的笑容变得心情舒畅，增加聊天的欲望。

　　试问，谁不喜欢一个面带笑容的人呢？

掌握节奏，才能奏出和谐的音符

"请开口说话，我才能看清你。"古希腊伟大的哲学家苏格拉底这样说。通过"说话"，向对方传达我们的信息，是我们沟通的重要途径。把握好自己的语言关，运用各种技巧，让对方接受我们的信息，进而支持我们的观点，这是对话的意义。在这个过程中，我们要注意对话的节奏。

什么是说话的节奏呢？就是在说话的时候，适当控制发音与停顿的节奏，掌握说话速度的快慢，调整音量的强弱。这几点组合起来，就是我们所说的节奏感。其实，这就像唱歌一样，音乐无节奏不感人，而说话无节奏就没有说服力。

我们平时说话，不会刻意运用说话的节奏与速度，大家只是用描述性话语、描白式风格完成自己的表达。看似不被重视的节奏感，往往会影响到说话的整体效果。通过语速或者语调增加话语的感染力，是许多演讲家或者说服者通用的方式。所以，他们才能在台上侃侃而谈，紧紧吸引观众的注意力，让他们在潜移默化中被说服。

上学时老师会要求我们饱含感情、有节奏地朗读课文，因为这更能表达出思想感情。说话靠节奏带动，听起来专业，实际上就像我们平时听音乐一样，并不难理解。高低快慢综合在一起，就是不一样的音符组合起来。如果我们稍微注意说话的节奏，该慢的时候慢条斯理，该快的时候快刀斩乱麻，声音高昂的时候振奋听众的心，话音低落的时候能让人体会到沉重感。这样的讲话既精彩又专业，等同于悦耳动听、有感染力的音乐。

语文课本中有一篇闻一多先生的演讲稿叫《最后一次讲演》。当年他站在公众面前演讲时，就动用了丰富的演讲技巧，激发了大家的爱国之情。先来看看部分文章摘抄：

这几天，大家晓得，在昆明出现了历史上最卑劣最无耻的事情！李先生究竟犯了什么罪，竟遭此毒手？他只不过用笔写写文章，用嘴说说话，而他所写的、所说的，都无非是一个没有失掉良心的中国人的话！大家都有一支笔，有一张嘴，有什么理由拿出来讲啊！有事实拿出来说啊！为什么要打要杀，而且又不敢光明正大地来打来杀，而偷偷摸摸地来暗杀！这成什么话？

今天，这里有没有特务？你站出来！是好汉的站出来！你出来讲！凭什么要杀死李先生？杀死了人，又不敢承认，还要诬蔑人，说什么"桃色事件"，说什么共产党杀共产党，无耻啊！无耻啊！这是某集团的无耻，恰是李先生的光荣！李先生在昆明被暗杀，是李先生留给昆明的光荣！也是昆明人的光荣！

……

你们杀死一个李公朴，会有千百万个李公朴站起来！你们将失去千百万的人民！你们看着我们人少，没有力量？告诉你们，我们的力量大得很，强得很！看今天来的这些人，都是我们的人，都是我们的力量！此外还有广大的市民！我们有这个信心：人民的力量是要胜利的，真理是永远存在的。……我们看，光明就在我们眼前，而现在正是黎明之前那个最黑暗的时候。我们有力量打破这个黑暗，争到光明！我们的光明，就是反动派的末日！

……正义是杀不完的，因为真理永远存在！历史赋予昆明的任务是争取民主和平，我们昆明的青年必须完成这任务！我们不怕死，我们有牺牲的精神！我们随时像李先生一样，前脚跨出大门，后脚就不准备再跨进大门！

闻一多先生的演讲究竟是什么样的节奏呢？他最开始先讲述

事情发展的始末，缓慢沉重的描述让人听着极为压抑；当他具体讲述刺杀事件、质问敌人的行为时，大家感受到他的重音中更多的是质问；谴责敌人的无耻行为时，他提高了声音，体现对敌人的憎恨；最后，呼吁大家站起来，用高昂的声调产生振聋发聩的效果。

时隔多年，闻一多先生当年的演讲，依然能给我们的心灵带来震撼。这是因为他不仅真情流露，还把握准了说话节奏。

虽然我们日常更多的是面对面交流，不需要像演讲这样层层推进，只需要让自己的话语听起来生动、吸引人便可。交谈中，我们不仅要注意自己的说话节奏，还应该顾及对方的听话节奏。只有彼此间都感觉到自在，才能产生共鸣，让整个谈话氛围和谐。而和谐的谈话氛围，可以提高说服的成功率。

比如，急性子的人说话快，慢性子的人说话慢。如果这两种性格的人在一起，就要顾及彼此的聆听和表达习惯。说话像打机枪一样的甲，遇上说话深思熟虑的乙，甲说得太快，乙跟不上。当乙失去追问的兴趣时，就无法有效接收甲所要传达的信息。所以甲想要说服乙，基本没有可能。

其中的问题就出现在语速上，双方不考虑彼此的说话节奏，往往会影响说服效果。也许有人会说，我怎么知道对方的习惯呢？面对一群人，我该怎么顾全大局？这时候就体现出了中庸之道的魅力。语速不快不慢，适当停顿，巧妙地提高或压低声音，给大家留下一个良好的印象，说服就会容易得多。

　　总而言之，把握良好的说话节奏，像乐曲一样有高有低，用心诉说。这样对方才会愿意听、喜欢听，语言也才能显示出更强大的感染力。

眼泪是打动人心的最好方式

　　生活不只有欢笑，还有愁苦和眼泪。但我们常常劝那些男士："要坚强，男儿有泪不轻弹。"之所以这样，是因为在人们的刻板印象中，哭泣是弱者的表现。但这种想法失之偏颇。人间的味道，酸甜苦辣咸，为何只能要求人们欢笑，而失去哭泣的权利呢？不管是请求还是说服，我们都可以看到，强者和弱者都有一招作为备用，那就是眼泪。

　　眼泪怎么可能是武器呢？它不是弱者的象征吗？我们可以认真想想，人在什么情况下会留出眼泪？感动？愁闷？痛苦？即便是强大的人也会有这些情绪。人们可以通过眼泪表达自己的真情实感，所以眼泪不仅仅是显示人软弱的方式。其实，面对真诚的眼泪，没有人会瞧不起，反而会生出感动的情愫。

　　试想，一个人平时如钢铁战士般坚强，但在他试图说服别人的时候，声音低沉，表情凝重，看似非常无助，眼角还流下不易察觉的眼泪。你坐在他的面前，会不会被感动呢？会不会同意他的提议，并帮助他呢？

眼泪不是孩子的专利，也不是女性的专利，所有人都可以在对话过程中真情流露，以情感人。因为眼泪是展示情感的一种方式，会让人们心生怜悯，为之感动。在人际交往中，如果强势攻击效果甚微，那就不妨适当地示弱，用眼泪打动别人。

大家都熟悉刘备这个人，他的一生可以说是流泪的一生。因为他熟练地掌握了用眼泪说服人、鼓励人甚至笼络人的方法。

想当初，刘备的综合实力并不强。他对抗不了曹操的强大兵力，但是留下来只能是送死。迫不得已的情况下，他必须带着自己的部下赶快转移。但是除了战士，城里的老百姓怎么办呢？刘备苦苦思索，难以做出抉择。这时候，有属下说："不如就放弃百姓吧。"听到这话，刘备当众大哭，他边哭边说："我怎能这么做呢？百姓对我如此信任，不管我处于什么境地，他们都对我不离不弃，我怎能抛弃他们啊？"

当场所有人听了他的话都备受感动，因为这哭泣是如此真实。有了刘备的眼泪做铺垫，不管最后他做出什么样的决定，战士和老百姓都不会怪他，反而看重他的真诚，处处为他的将来考虑。

不管什么时候，得民心者得天下。刘备就这样用哭泣收服了战士的心，也笼络了百姓的心。有了民众的支持，刘备自然能够成功。直至临终之前，他托孤诸葛亮的时候，依然是用眼泪，打动了诸葛亮，答应了他的请求。如果没有最后的一哭，怕是刘备这一生的心血都要付诸东流。

所以，刘备洞察世事，深谙人情世故。他面对民众哭，面对兄弟也哭，面对自己的属下依然是哭。但他的眼泪没有白流，他用他的真情打动了民众，打动了兄弟，打动了属下。

当一个人懂得了适当地示弱，就不会再顾忌自己所谓的面子。示弱不是一件丢人的事情，恰到好处的示弱，既需要勇气也需要智慧，还需要强大的心理素质。寻求别人的支持和帮助，不是一件容易的事。如果能以情换情，让对方看到你真诚的眼泪，不管是寥寥几滴，还是痛哭流涕，都可能获得别人的支持，也不会丢掉自己的气概。

男儿有泪不轻弹，只因未到伤心处。我们都只记住了前面一句，但后面一句才揭露了事情的真相。成就大事，并不一定非要憋住眼泪来表现坚强。适当地让对方看到你的眼泪，也是一种说服手段。

为什么眼泪有如此的作用？因为真情流露才会触动别人，眼泪便是最直接的表现。所以，在说服力的较量中，不妨加上眼泪这个砝码，相信结果不会让你失望。

第五章

以真诚为钥，说服可以变得如此简单

☑ 唯真诚与真情，才能引起他人共鸣

☑ 恰当的赞美，是一种不错的盘外招

☑ 利用"认同感"，说服轻而易举

☑ 说服的核心要素：坦诚

☑ 自曝短处，反而更能取信于人

唯真诚与真情，才能引起他人共鸣

一位著名演讲家说过："在演讲和一切艺术活动中，唯真情，才能使人怒；唯真情，才能使人怜；唯真情，才能使人笑；唯真情，才能使听众信服。"这句话的意思是，我们在说服别人的时候，要争取对方感情上的认同，向对方传递出一系列的感情信号。感情的认同，便是演讲家所说的"真情"。真挚的情感，能够给人带来愉快的情绪，有了这种快乐的感染，才能真正了解他人和表达自我。

所以，说服过程中，我们拒绝冰冷与虚伪，就是想引起共鸣。生活中的很多有高超说服能力的人，都是把"情"放在说服的第一位。许多话都能赢得听众的情感认同，感动听众的内心。这种做法是有科学依据的。心理学家丹尼尔·戈尔曼提出，我们观察和辨别对方的微小表情、语气和动作，体会和感受另一方的情绪，最终目的是升级式的模仿。当我们在说服过程中得到这种模仿的乐趣，就能把说服过程变得简单。

我们常说，有的人口才非常好，可以用"口吐莲花"来形容。但他们有时表达和说服华而不实，只能让大家感受到一时的激情和技巧，无法引起听众的共鸣。之所以会有这样的结果，是因为说服者过于关注自己的目的，而忽略了对方的情感需求。没有投入真情实感的说服，对方只能用冷漠来回应。

　　一个非常有名的演讲大师，开设了一个口才培训班，吸引了不少喜欢演讲的人前来参加。大家都有各自的经历，也展现出了不一样的优势。有一位年轻人慕名前来，他向演讲大师这样介绍自己："我是一个普通的公司职员，但是喜欢跟人沟通，更享受自己说服别人的那种成就感。我最大的优势是说话幽默，也有很高的演讲热情，但是每次演讲大家笑完也就完了，并没有显示出好的说服效果。这是为什么呢？"

　　大师听了年轻人的描述，就知道他的问题出在哪里。其实，这个年轻人素质很高，也有演讲天赋。当他站在演讲台上，激动会代替紧张，活力会代替羞涩，只为了把自己的观点更好地传达给观众。他积攒了好多幽默的故事和流行的笑话，气氛调动得非常好。但是他却没有抓住问题的关键，无法引起观众的共鸣。于是，大师语重心长地对他说道："虽然你很热情，也很幽默，但问题的重点是，你只顾着逗大家开心，却没有让观众感受到你的真诚，观众也就无法产生共鸣，也自然不会把你的观点记在心里。"

听了大师的话，年轻人若有所思。他想起来自己读过的一段话："你用自己的感情调动对方的情绪，让彼此的感情相通，共鸣一定会产生，说服自然会成功。"巧妙地运用感情打动别人，是人类特有的技能。当我们可以找到感情共通点沟通情感时，离用真情打动对方就不远了。

虚情假意地说服，不仅达不到说服别人的目的，就连自己都感觉别扭。而炽热的感情沟通，是一种设身处地的沟通方式，听别人的喜而开心，听别人的悲而落泪，这样的沟通才能引起共鸣。因为只有在情感上获得共鸣，才能实现说服的目的。

大家都知道林肯年轻时当过律师，业绩非常不错。那时候他年轻热血，一心想要维护社会的公平正义。许多生活贫困的人来找他打官司，他都无偿替对方辩护。有一次，一个老婆婆来找林肯，希望他能帮自己打一场官司。

原来，这位老婆婆的丈夫是一名士兵，在一次战争中牺牲了。按当时美国政府的规定，她每月可以领到四百元的抚恤金。然而，当这位老婆婆去领钱的时候，一个官员告知她需要缴纳手续费，而手续费的数额竟占了抚恤金的一半。老婆婆本就家境贫寒，靠抚恤金生活，如今被克扣一半，生活更加艰难。

林肯听后非常愤怒，决定接下这个案子，无偿替老婆婆打官司。他做了大量的工作，认真研究了美国战争的资料。开庭当天，林肯追溯了当初美国人民受到压迫群起为自由而战的历史，描述了战士如何克服天气严寒、走过冰天雪地的艰难。他声情并茂的讲述，很快就得到了陪审团和听众的情感认同。

林肯知道自己的讲述取得了显著效果，就开始针对性地痛斥被告。情绪激动的林肯，用愤怒的眼神盯着被告，指责他的无耻行为。

最后，林肯做了这样的总结陈述："希望能够给予年老、衰危、又跛又盲、贫困无依的士兵遗孀以公平，希望法律能保护这位可怜的老妇人。我们这些享受革命先烈争取来的自由的人们，是否也应该帮助她呢？"现场的人闻之落泪，就连法官也不例外。

毫无疑问，林肯帮老婆婆打赢了这场官司，老婆婆得到了抚恤金。可以说整个辩护过程都在林肯的掌控中，他"说服"了所有人。

有时候，饱含真情的一句话，不仅能让对方感动得落泪，还可以给我们的沟通能力加分。相反，那些在华丽的语言上下功夫，全程都只关注自己目的的人，不仅无法感动听众，甚至还会引起别人的反感。所以说，缺少真情的沟通，如同照本宣科，效果甚微。

恰当的赞美，是一种不错的盘外招

很多不善沟通的人，总是有这样的苦恼：他人总是保持戒备心理，与自己保持一定的距离。正是这份距离感，让沟通变得困难起来。那么，如何让对方消除戒心，拉近彼此间的关系，实现高效沟通呢？不妨试试在说服别人之前，先赞美对方。

每个人都有希望被别人肯定的心理，也都爱听别人的夸奖和赞美。所以，主动赞美对方，就是你要做的第一件事情。

有人说，世界上最华丽的语言就是赞美，没有人会拒绝它。只要你懂得恰当地赞美别人，让对方感到愉悦舒坦，你们之间的沟通交流就有了保障。

小区门口有一对从农村来的老夫妻摆的水果摊，水果价格比早市要贵一些，可东西却天天卖得精光。

只要有女士过来，不管是二三十岁还是四五十岁，这对老夫妻都会叫道："姑娘，苹果10元3斤！""姑娘，箱子里有好的，你来挑吧！"

每到下班高峰期，路上的行人络绎不绝，老两口一口一个姑娘叫着，不少女士都停下来在这买些水果回家。

后来，有位女士说："大爷，你很会说话呀，会掌握人的心理。"

老人挠挠脑袋不好意思地说："呵呵，我也是被逼的，开始我卖水果叫人家女同志大妹子，人家拿眼睛翻我，我改叫大姐，人家更不理我了。还是后来儿子提醒我，女同志喜欢人家说她年轻，那样她就高兴了，于是我就一律叫姑娘了！"

叫人家一声"姑娘"，居然把水果都卖出去了，这个方法真的很值得借鉴。

这也说明，心理上的满足，能给人带来巨大的愉悦。每个人都希望与一个能够给自己带来愉悦感受的人接触，能不能满足对方的心理需求，给对方带去愉悦感受，是人际交往成败的关键。

小李是一家公司的会计，越到年尾工作越忙，以至于整个办公桌上堆满需要计算的单据。

　　看着表格上密密麻麻的数字，小李一个头两个大，他不禁叹了口气，这又是加班的节奏。不经意抬头间，他看到同事小丽正在玩手机。小丽是公司的业务员，越到年末工作就越闲，这几天来公司都是做一做样子。

　　小李打起了小算盘，想让小丽帮自己一下。于是，他笑着对小丽说："大美女，我听说你是一位心算高手，参加过心算比赛还获得了冠军，对不对？"

　　说到自己自豪的事，小丽不禁抬起下巴，骄傲地说："没错。那场心算比赛是全国性的，参赛选手有上万名，全都是来自全国各地的高手。"

　　"天哪，没想到你的心算这么厉害！你的心算速度一定比我按计算器快。"

　　"当然。"小丽自豪地说。

　　小李嘿嘿一笑，将手里的报表推到小丽面前："大美女，我实在忙不过来了，不如用你的心算帮帮我的忙。"

　　小丽这才知道小李打的是什么主意，也顺手帮了小李的忙。

　　小李用小丽最自豪的事赞美了她，让小丽的心理不再排斥小李的请求，因为小李所求之事于她只是举手之劳，便想也不想答应帮忙。其实，你夸了别人，别人接受你的请求，这和拿人手短、吃人嘴软是一个道理。

　　求人办事，给人善意的赞美也是一种沟通的办法，当然，赞美要恰当，绝不能无根据地乱赞美。当人们发现你夸赞的话语漏洞百出时，对方一定会觉得你不真诚，到时候生气还来不及，哪里会帮助你呢！

　　有一个很有效的方法就是多谈谈对方的成就，将赞美落到点子上，才会使对方更加受用。比如日常生活，丈夫工作一天后回家，见妻子做好了饭菜，可以趁机称赞妻子厨艺高超；老师见学生把教室打扫得干干净净，立刻夸奖"重视细节的孩子前程远大"；母亲看到孩子放学后主动写作业，就称赞他自律，等等。

　　事实证明，恰到好处的赞美，可以促进人与人之间的关系，求人办事时也可以让你所求之事容易成功。不过，赞美也需要技巧，不要阿谀奉承、讨好卖乖。因为只有真诚的赞美，别人才愿意接受。

利用"认同感"，说服轻而易举

我们常说，人际关系是一张错综复杂的网，人与人之间的关系不仅仅建立于表面，更多地需要我们用心维系，这就要求我们分析将交往的是一个什么样的人，他的个性、喜好、价值观等是怎么样的。然后将自己与对方的共同点表现出来，对方一定会很快注意到你。

很多时候，我们请人帮忙，说话时少不了"晓之以理，动之以情"，这也是从古至今人们总结出来的经验。想让对方将自己的话听到心里，必然要将话说得能引起对方心灵上的共鸣。只有等对方打开心灵之门，你的请求他才会听进去，继而心甘情愿地给予你帮助。那么，什么话能让对方产生认同感呢？

很简单，就是将心比心，说一些彼此的共同点。当你的喜好、人生观、价值观和世界观和对方一致或相似时，对方一定会油然而生一种相见恨晚、英雄所见略同的感觉，这种感觉就是认同感。当对方将你视为亲近的同类人后，只要你的请求不过分且在对方能力范围之内，他自然愿意助你一臂之力。

意大利科学家伽利略年轻的时候，就立志在科学研究方面有所成就，因此他希望得到父亲的支持和帮助。

一天，他对父亲说："爸爸，我想知道是什么促成了您和妈妈的婚事？"

父亲回答说："因为你妈妈十分吸引我。"

伽利略又问："那您有没有考虑过选择别的女人？"

父亲说："没有，孩子！家人曾经要我娶一位富有的女士，可是我只对你妈妈情有独钟。当时你妈妈是多么的美丽动人……"

伽利略见时机已到，马上说："这倒是事实，可是您知道吗？我现在也面临着同样的处境。除了科学以外，我不可能选择别的职业，因为我喜爱的正是科学，其他事物对我都毫无吸引力。科学是我唯一的需要，我对它的爱，就如同对一位美貌女子的倾慕。"

父亲说："你是说就像倾慕女子那样？"

伽利略说："一点也没错！爸爸，我已经18岁了，很多同龄人都会想到自己的婚事，可我从来没考虑过这方面的问题。因为别人都想寻求一位美丽的姑娘作为终身伴侣，而我却只愿与科学为伴。"

父亲默默地听着，深深被儿子的话打动了，被儿子对科学真挚的爱打动了。最终，他决定支持儿子的科学事业。

由此可见，想要说服一个人心甘情愿地帮助自己，首先就要找到你与对方的共同点，将话说到对方的心坎里。等对方的心门打开，你就可以诉说自己的目的与请求了。伽利略之所以能够成功说服自己的父亲，正是因为他巧妙运用了"将心比心"的沟通方法。

需要注意的是，我们求人帮忙，在说到与对方的共同点时，不能刻意造作，不要让对方觉得你这个人很虚假，不然也会被对方拒之门外。所以，我们和他人说共同点时，一定要真诚自然，这样才会让对方产生认同感。只有这样，你的请求才会被人重视，别人才会甘愿帮助你。

说服的核心要素：坦诚

在这个世界上，什么样的言语能拨动他人心弦？有人说思维敏捷、逻辑严密的雄辩；有人说声情并茂、慷慨激昂的陈词……但是，这些都是形式。在任何时间、地点，去和任何人沟通，最终起作用的因素只有一个，那就是真诚。

那些善于在言谈中表现真诚的人，内心是坦诚的，能够在需要的时候站在他人的立场思考问题。这样的人说话一般不会主观，更不会以自我为中心，他们会坦诚地将自己内心的想法传达给对方。

比如《战国策》中"触龙说赵太后"的故事：

赵太后刚刚掌管国政，秦国就加紧进攻赵国。赵国只得求助于齐国，齐王要求用赵太后最小的儿子长安君做人质才肯出兵，但赵太后坚决不答应。大臣们竭力劝谏，赵太后生气地说："谁再说要长安君做人质的，我就唾他的脸。"

大臣们因此都不敢再说话了，左师触龙却主动去见赵太后。见面后，触龙委婉地说明自己是来看望太后的，并且表达了对太后生活起居的关心，语气轻柔，娓娓动听，终于见赵太后的神情有所缓和。

触龙又引导赵太后谈起了儿女情长，他说："我私下认为，您疼爱燕后超过了疼爱长安君。"

"你错了！不像疼爱长安君那样厉害。"赵太后不同意地说。

触龙说："父母疼爱子女，就得为他们考虑长远一些。您送燕后出嫁的时候，拉着她的脚后跟为她哭泣，这是惦念并伤心她嫁到远方，也够可怜的了。她出嫁以后，您也并非不想念她，祭祀时一定为她祝告说：'千万不要被赶回来啊。'难道这不是为她做长远打算，希望她生育子孙，一代一代地做国君吗？"

"是这样。"赵太后点点头。

触龙问道："从这一辈往上推到三代以前，甚至到赵国建立的时候，赵国君主的子孙被封侯的，他们的子孙还有能继承爵位的吗？"

赵太后说："没有。"

"不光是赵国，其他诸侯国君的被封侯的子孙的后继人有还在的吗？"触龙又问。

"我没听说过。"赵太后确定地说。

"他们当中，祸患来得早的就会降临到自己头上，祸患来得晚的就降临到子孙头上。难道国君的子孙就一定不好吗？这是因为他们地位高而没有功勋，俸禄丰厚而没有劳绩，占有的珍宝太多了啊！"触龙顿了顿，继续分析道，"现在您把长安君的地位提得很高，又封给他肥沃的土地，给他很多珍宝，而不趁现在这个时机让他为国立功，一旦您百年之后，长安君凭什么在赵国站住脚呢？我觉得您为长安君打算得太短了，因此我认为您疼爱他比不上疼爱燕后。"

左师触龙这番话坦诚可信，以真挚的情感将心比心，最终说服了赵太后，同意长安君到齐国当人质，从而解除了赵国军事危机。

由此可见，我们与人沟通的时候，必须保持一颗"至诚之心"。真诚的语言，不论对说话者还是听话者，都至关重要。哪怕是要推销产品，态度真诚也会更招人喜欢，更易于被人接纳。

有一家知名电器公司，起初只是一家乡下的小工厂，为了打开销路，厂长总是亲自出去推销产品。

每次跟别人谈合作，难免会遇到砍价，他却不急不恼地回应说："我的工厂是一家小厂，炎炎夏日，工人们在炽热的铁板上加工制作产品。大家汗流浃背，却依旧努力工作，好不容易才制造出了这些产品，依照正常的利润计算方法，应该是每件……"

不得不说，他这番朴实而又诚恳的话总有奇效。听了他的话，对方一般会笑着说："很多卖方在讨价还价的时候，总是说出种种不同的理由。但是你说得很不一样，句句都在情理之中。好吧，我们就按你开出的价格购买好了。"

这个厂长之所以能够说服对方，就在于他真诚的态度。他讲述了创业的艰难以及工人们劳作的艰辛，强调自己是按照正常的利润计算方法来确定价格的，语言朴实，语气真挚、自然，深深唤起了对方的同情，从而赢得了对方的合作。

真诚的话是朴实无华的，也是最感人的。当我们在人际交往中与他人沟通时，一定要以真诚铺底，从"心"出发，这样才能让对方感受到你的真心实意，对方才会以真诚回馈你。如果你没有将真诚作为人与人沟通的前提，即便花费再多的心思和金钱，也不可能说服别人。

自曝短处，反而更能取信于人

自曝短处，顾名思义就是自己暴露自己的短处和缺点。要知道，人都喜欢被赞美，不喜欢被揭露缺点，但有时候自曝短处也能体现出一种潇洒的情态和人生的智慧。

生活中，那些敢于直面自身缺点且善于自嘲的人，实际上是非常自信、非常明智的。自嘲的前提是自省，是对自我人生中差错与不足的洞悉与俯瞰，能够做到自曝短处，敢于嘲笑自己，正体现了一个人勇于自省的智慧。这样的人在生活中往往很受欢迎，也更能打动别人。

小韩是一位保险推销员。有一次，他去拜访一位好不容易才约见的客户，没想到那位客户非常冷淡，对热情递上名片的他视而不见，接过名片后就很随意地扔在一旁，根本没有仔细看。

小韩一下子觉得场面有些尴尬，只好硬着头皮把准备好的开场白说了一遍。

客户头也没有抬，眯着眼睛慢条斯理地说道："上次来拜访我的保险推销员，好像也是你们公司的，他在我面前讲了足足一个小时，讲得口干舌燥，我也一样拒绝了他。今天同意见你，只是想当面告诉你，我肯定不会买保险的，以后你也不要再打电话给我了。"

看着对方不屑一顾且十分傲慢的样子，小韩心里知道，这次遇到难啃的骨头了，想签下这张单子，简直是机会渺茫。可是好不容易争取来的拜访机会，他又不甘心就此放弃，于是索性转变策略，冒险一搏。

这时，他留意到客户的身材非常魁梧，跟自己比较矮的身材形成了鲜明对比，于是灵机一动，大大咧咧地说道："是吗？我那位同事说了半天都没有打动您，我想他一定是因为形象不如我吧！"

原本都不正眼看人的客户听到这话，吃惊地抬起头盯着小韩："你说什么？上次那位仁兄可比你形象好多了，起码个头比你高得多！"

"常言道，浓缩的都是精华，上次那位同行肯定没有给您讲出保险的好处和精华所在，我今天只需要他一半的时间，给您讲一个'浓缩版本'的业务介绍，保证不浪费您的时间！"

客户被小韩不惜自曝其短的幽默逗乐了，笑着说道："哈哈，你这个人说话还挺逗，那你给我讲一下吧，我给你半小时。"

小韩随后真的只用了半小时就说服客户给他孩子买了一份保险。

面对客户故意为难自己的情况，小韩没有退缩，而是以自曝短处的幽默方式化解了尴尬，让客户刮目相看，从而也为自己推销保险做了铺垫。

如果小韩没有想到这一招，面对客户冷漠的态度，也许早就心灰意冷地退了出去。正是小韩机智地选择以幽默的方式来化解尴尬，才成功引起客户的兴趣，达到让客户买保险的目的。

有人说过这样一句话："严肃的问题，可以用轻松的方式来解决。"自曝短处就是一种轻松的沟通方式。它既是一种沟通方式，也是一种境界。如果大家留意，就会发现身边其实有很多达到这种境界的人。

比如一位大学教授，虽然只有四十来岁，头上却大多秃了，仅剩下几根短短的头发在倔强地站着，据说经常有人在背后叫他"秃顶"。这位教授却不气不恼，还经常在同事之间拿自己开玩笑："热闹的马路不长草，聪明的脑袋不长毛。"课堂上，他也曾向学生们自嘲道："我这人上课有个好处，如果教室光线不好，我随身就携带一个电灯泡。"

可想而知，这位教授的课堂气氛相当活跃，他的课可以说是场场爆满。他也成了学生心中的明星教授，学生都抢着报他的课程。

"难道他们不担心自曝短处有损自己的形象吗？"不少人心中一定有这样的疑问。

我们不妨思考一下这个问题：如今社交网络发达，很多人喜欢在网上晒自己做的"黑暗料理"，或是分享自己的糗事，比如往牙刷上挤洁面乳刷牙、坐公交车居然坐反方向等。当你看到身边朋友发的这些东西时，你会因为这些糗事而看不起这些朋友吗？答案自然是否定的，相反，这样的人还相当受欢迎。大多数人对这些行为不仅没有反感，反而觉得更接地气，莫名地招人喜欢呢！

相信这样的回答大家并不意外。从社交心理学的角度来说，在与人沟通的时候，最容易博得他人好感的，并不是那些喜欢夸夸其谈、给自己脸上贴金的人，反而是那些坦然接受自己缺点和不足、敢于拿自己开玩笑的人。

那些敢于自曝短处的人，内心都比较强大，是勇敢者对语言的驾驭。现实中，真正能做到自曝短处的人少之又少，若你想成为其中之一，就要注重培养豁达的胸怀、乐观的境界、超脱的心态。

  其实生活中，自曝短处这件事如果运用得当，很多时候能够产生出人意料的效果。对于那些敢于坦然自曝短处的人，我们反而会觉得对方很可爱、很真诚，富有人情味，愿意和他们沟通，乃至成为朋友。所以，我们在说服他人的过程中，不妨也多运用这一技巧，快速拉近与对方的距离，这样更能使自己说出的话令人信服。

第六章

共情并同理，用对方的逻辑完成重磅一击

☑ 摸清他的心思，说服就是小事

☑ 以肯定语开头，让对方觉得想法是自己的

☑ 投其所好，从对方的兴趣入手打开话题

☑ 顺势而为，化被动为主动

摸清他的心思，说服就是小事

在人与人的交往中，双方说话不一定都会像挚友亲人般直白坦率，交谈中或多或少会存在"话里有话"的情形，这时就需要我们有较强的理解力。虽然说好口才是交际的"主力"，但如果听不懂对方的弦外之音，摸不清对方的心思，好口才照样会无济于事。

交流过程中，正确地理解对方谈话的真实意图十分重要。尤其是在初次相识，或是不太熟络的朋友之间，这就需要有高超的判断力。一个人在与别人交流时如果疏于判断，就有可能导致自身言行失误，使自己陷入被动，导致沟通失败。

沟通中想要尽快摸清对方的心思，就要学会倾听别人的讲话。如果缺少经验，沟通过程中的许多情况还难以把握，就需要我们更加耐心、细心地倾听、琢磨，听懂话里的"潜台词"。

有一天，一个中年男人到一家零售店里买充电宝。

"先生，"店员很有礼貌地说，"你想要好一点的，还要次一点的？"

"当然是要好的，"顾客有些不高兴地说，"不好的东西谁想要？这是最好的吗？"

"是的，而且是最有名的牌子。"

"多少钱？"

"280 元。"

"什么？为什么这么贵？我听说最好的才 100 多块钱。"

"我们也有 100 多块钱的，但那不是最好的。"

"可是也不至于差这么多钱呀！"

"差得并不多，还有几十块钱一个的呢？"

那位顾客一听，面露不悦之色，掉头就想离去。这时店老板急忙赶了过来，上前问道："先生是想买充电宝吗？我来给你介绍一种好产品。"

"是什么样的？"

老板拿出另一个牌子来，说："就是这种，请你看一看，样式还不错吧？"

"多少钱？"

"116 元。真是抱歉，刚才的店员是新来的，他没有讲清楚，充电宝有好几种牌子，每种牌子都有最好的。我刚拿出的这种，就是这个牌子中最好的。"

　　顾客随即就买下了那个充电宝。

　　那位顾客之所以刚开始没有买下那个充电宝，主要是因为售货员没能理解对方的真正意图。顾客一进门就要最好的，说明他的优越感很强。但是一听价钱，他又嫌太贵，老板在不损伤对方优越感的前提下，说服他买了一件较便宜的产品。

　　沟通中的潜台词蕴含大量的信息，因为话语系统的规则很隐晦，它没有明文规定，也没有强制性。但作为某个圈子的一员，不论是讲话还是行文，都不得不遵循这个潜规则。如果不能与通行的话语规则保持一致，率性而为，口无遮拦，只会让你成为交际圈中的异类，甚至还会招惹是非。如果碰到"不好说"的事，你又"说不好"，那就不如"不说好"。有时候，没有态度也是一种态度。

　　很多时候，在一些字眼的背后，往往隐藏着人所共知又不好说破的奥秘。就拿"你看着办"这句上司经常挂在嘴边的口头禅来说，它其中的意味很耐人琢磨。当然，你可以理解成领导对你的信任和放权，也可以看作领导让你见机行事，灵活处置。但一般来讲，领导让你看着办的事情都是很棘手的。这句话看似没有什么明确意图，也不是硬性要求，但你必须悉心领会领导的意图。

　　俗话说：言为心声，正所谓"闻其言便可知其人"。但在复杂的人际交往中，有时动听的话可能并非全都是真话。我们在与别人交流时，不能根据一面之词就听信对方，要注意听其言，辨其意，并分析其思想动机。

另外，通过观察人的眉目表情，也可以看出对方与众不同的地方，从而读懂对方的心思和意图。"细节观察"是现代社会中常用的识人、辨人的方法，它能对人的思想品貌做出大致判断，进而掌握交流的主动权。

总之，高超的交际判断力，是敏感的观察能力、透彻的分析能力和全面深刻的思索能力等因素综合作用的结果。这需要你在平时的沟通过程中勤于观察、积极思考，这样才能不断提高沟通能力，以便在更短的时间内快速摸清对方的真实想法，从而有的放矢地说服别人。

以肯定语开头，让对方觉得想法是自己的

日常生活中，我们时常有这样的感受：当自己的观点或是言行被别人否定时，心里总是会感到不舒服，甚至想要立即反驳；而当自己的观点或是言行被肯定时，心里马上会认同对方，对对方充满好感。

每个人都不愿被别人否定，我们想要说服他人，就尽量少使用否定性话语，最好是以肯定性话语开场。如此，我们的话才不会引起对方的反感，让对方更愿意接受。

由于公司业务调整，总经理打算把经验丰富的后勤部主管老朱调到业务部做主管，并且准备让副总找老朱谈一谈。

对于副总来说，这只是一次普通的人事调整，所以他直接找来老朱，并对他说："老朱，总经理决定把你调到业务部当

主管，你回去准备一下交接事宜，明天就去业务部报到吧！"

老朱一听这话就蒙了。他不知道为什么把自己调换部门，便着急地问道："副总，为什么把我调到业务部，是我犯了什么错误吗？"

副总摇着头说："没有，没有，这是公司业务调整的需要，你赶紧回去收拾一下东西吧！"说完，副总就因有急事离开了。

这下老朱心里更没底了。他一个劲儿地猜测：我到底犯了什么错误？我这些年在后勤部任劳任怨，副总为什么会无缘无故地把我调到业务部？他越想越不安，觉得自己的工作能力受到领导的质疑，再加上觉得自己年纪也不小了，不适合做业务，便向总经理提出辞职。

这下，总经理也蒙了，自己想要提升老朱，他怎么会辞职呢？于是，他立即让秘书把老朱请到办公室，准备和他好好谈一谈。

老朱一进办公室，总经理就笑着站起来，说："老朱，你来了！快请坐！"

见老朱神情不是太好，总经理说："老朱，你工作表现一向不错，成绩我也都看在眼里，为什么要提出辞职呢？"

老朱心想，既然总经理对他的工作比较满意，为什么还要调自己去业务部呢？于是，他开口说出了自己的疑惑："既然您对我的工作还算满意，为什么要把我调到业务部呢？难道是我做错了什么吗？"

总经理听了老朱的话，才知道副总并没有明确地表达自己的意思。他笑着说："原来是一场误会啊！毫无疑问，你的工作非常出色，我也对你寄予了厚望。这次我决定把你调到业务部，并不是对你不满，而是看中了你的能力，想要让你做业务部的主管。"

老朱听了总经理的话又惊又喜。这时总经理接着说："不过，我还是想听听你对于业务部的看法。"

老朱想了想说："我没有做过业务，对业务部也不太了解。但是，我在咱们公司工作了这么多年，又做了这么多年的后勤，对业务还是有一些想法的。其实，与客户沟通，和我们平时与公司各部门沟通是一样的，只要处理好与客户之间的关系，把客户放到第一位，做好业务并不是什么太难的问题！"

总经理连连点头，说道："你的想法非常不错，和我的想法不谋而合。你能够把后勤部门管理得有声有色，相信你肯定也能把业务部管理好！由于现在公司没有合适的业务部门主管，所以我想把你调过去。你看怎么样？"

看老朱有些迟疑，总经理又说："我知道你担心自己没有经验，但我相信你的能力，再说我也会给你调拨一个得力的助手。你愿不愿意尝试一下，挑战一下自己？"

最后，老朱爽快地答应了，"总经理，我愿意试一下，一定不会辜负您的信任！"

看吧！不同的人，由于说服方法不同，造就的结果也不同。之前，老朱为什么会愤然辞职？就是因为副总没有掌握好说话的方法。他认为直截了当地通知老朱到业务部报到上任就好了，事实上却忽视了老朱的内心想法。

退一步讲，即便老朱没有辞职，在他心里有疙瘩的情况下能做好业务部主管吗？很难！

总经理的说话就不同了，他的肯定性话语让老朱放弃辞职的想法，并且让老朱知道了自己的能力和业绩是受领导认可和赞赏的。这样一来，即便老朱知道自己有些许不足，也会对之后的工作充满信心和激情。正因如此，老朱才彻底被说服，心甘情愿地到业务部。

所以，说服别人的过程，说话方式至关重要。

投其所好，从对方的兴趣入手打开话题

　　生活中，我们会有这样的经验：与一位球迷说球赛、球星，他会不知不觉倾听数小时；与一位画家说画作的诞生史和存在意义，他会表现得如痴如醉；与一位科学家畅说未来科学，他不会有一丝不耐烦……不论是谁，与人聊天时，都喜欢聊自己擅长的，听自己喜爱的。所以，想要与对方拉近感情为说服做铺垫，就不要只说你想说的，要多说一些对方感兴趣的。

　　有位著名的商人，他的朋友遍布各行各业，有作家、数学家、舞蹈家……他为什么能和各行各业的人成为朋友？因为他与这些人聊天时，总是能够从对方的兴趣入手打开话题。

　　比如，他在和舞蹈家聊天时，绝不说晦涩难懂的数学字符；和音乐家聊天时，绝不说博大精深的天文地理；和数学家聊天时，绝不会说源远流长的史诗巨作……与任何人聊他不擅长、不感兴趣的话题，彼此都会有种鸡同鸭讲的感觉。但说一个人爱听的，会让他产生精神上的共鸣，继而愿意交流。

　　某软件公司每年都会从各分公司选派员工去总部培训，并且给员工安排了两人宿舍。

　　这一年，武汉的小陈被分公司选中去总部培训。小陈进入宿舍时，另一名培训人员小张已经入住，此刻正躺在床上玩手机。

　　小陈放下手上的行李，率先打起招呼："您好，我是陈×，你可以称呼我小陈。"

　　"我是张×，你可以喊我小张。"小张抬头看了一眼小陈，也用同样的方式自我介绍，然后又继续玩手机了。

　　小陈一边整理行李，一边说："你来多久了？"

　　小张回答："没来多久，比你早一两个小时。"小张回答的时候，眼睛没有离开手机，似乎没什么兴趣聊天。

　　小陈心想，自己得在总部培训两个月，这就意味要和小张一块住两个月，这样冷淡地相处可不行。很显然，小张并不是一个很健谈的人，也不热衷结交新的朋友，看来只能由他拉近彼此的关系了。于是，他接着问："我听你的口音，应该是北方人吧？"

　　"是的，我是东北人。"小张漫不经心地回答，视线依旧没有离开手机。

　　"东北是个好地方，美食特别多，前两年中央电视台制作的《舌尖上的中国》特别推出了一集关于东北特色小吃的节目。我为了吃到正宗的东北小鸡炖蘑菇，还特地去了一趟东北。"小陈一边说，一边观察小张的神色。见小张依旧盯着手机看，他继续说："当然，最让我印象深刻的，还是去年上映的电影。"

"是《智取威虎山》吧？那部电影我也看了，拍得很不错。"小张的视线这才移开手机，开始和小陈谈论起电影中的各种情节。

小陈一边听，一边观察小张的神色。他发现小张特别喜欢电影，对电影非常关注。

二人越聊越投机，晚上小张还主动邀请小陈一同出去吃晚饭。

从互不相识到侃侃而谈，小陈只用了一个下午，他到底使了什么魔法才让彼此从陌生人成为能相约一块吃饭的朋友呢？其实，是小陈找到了小张感兴趣的话题。

很显然，小陈是一个善于观察的人。他观察到小张热爱电影，所以说了许多小张爱听爱聊的有关电影的话题。研究表明，两个陌生人聊天，如果聊对方感兴趣的话题，能快速拉近彼此的关系。

说服其实就是一场博弈，谁都想胜利，都想站在主动方。如果你想主动拉近与对方的距离，让对方放下心理戒备，就要投其所好，从对方的兴趣入手，层层推进，暗度陈仓，然后再慢慢地将话题引向自己的意图。

顺势而为，化被动为主动

日常生活中，当我们想要说服他人的时候，有时候正面硬碰并不是件明智的事，因为没有人喜欢被人否定与顶撞。尤其是说服对象是长辈或者上司，又或是其他不方便直接呛声的对象时。所以，如果能顺着他人的意思用他的逻辑中的问题引出明显错误的论点，然后再说服对方，绝对是个好主意。

或许我们可以换一种更贴切的说法，那就是"以其人之道，还治其人之身"。这句话不仅适用于功夫切磋，还可以用于人与人之间的谈话，尤其是说服。

在说服过程中，我们可以运用各种技巧来说服他人，但无法把自己的观点强行灌输给对方。如果对方固执己见，不肯接受我们的意见，我们就没有任何办法了吗？当然不是！我们可以用对方的说话逻辑来还击，这不仅可以避免气氛尴尬，还可以有效说服对方。

　　一家公司经过十几年的发展，逐渐成为全国乃至整个东亚最具实力的综合性加工企业。最近，这家公司的发展势头更是迅猛，其产品热销海内外。但这个时候，这家公司却负面新闻缠身：一个月内，多名员工因无法承受巨大的压力而选择自杀。

　　众多媒体纷纷介入，想要弄明白一个问题：为什么一个个鲜活而年轻的生命，选择了自杀呢？

　　随着媒体的深入调查，人们听到这样的声音："公司制度非常严苛，管理人员只下命令，除此之外不会和员工有任何交流""员工不能犯一点点错误，否则就要受到严重的惩罚""公司管理毫无人情可言，所有人必须严格按照规章制度办事""员工即便生病了，也不能请病假，更不会得到管理者的关心"……发声者是该公司的普通员工。

　　一时间，该公司处于舆论的旋涡，所有人都谴责公司管理者"没人性""太苛刻"，公司形象也一落千丈。为了挽回公司的声誉和形象，该公司高层召开了新闻发布会。在发布会上，一位高层面对记者的质问，没有丝毫歉意。这位高层振振有词地说："竟然有人说我们公司'没有人性'，说我们是黑心公司，说这些话的人有证据吗？我们绝对有权利起诉他们！"

接着，他继续说："我可以明确地告诉所有人，我们公司从来没有违反过国家的法律法规，并且严格遵守国家的劳动保障法。我们从来没有拖欠过员工薪水；从来没有强迫员工加班，即便是节假日加班，也按照法律规定，给予员工双倍甚至多倍的薪水。我们更没有限制员工的自由，如果有谁不想留下来，随时都可以辞职离开！"

虽然这位高层说的话是实情，但是这样的现场表态怎能让人接受呢？这么多鲜活的生命逝去了，难道说企业管理层就没有任何过错吗？难道就不应该追责吗？一时间，现场的记者都气愤不已，其中一位记者站了出来，义正辞严地说："你说得没错，你们确实遵守了国家的法律法规。但是我想问问您，难道企业管理者就没有任何过错吗？"

这位记者紧紧地盯着这位高层，继续说："我们打个比方，如果一个女人嫁给一个男人，男人履行了做丈夫的责任，但在这相处的几十年内，男人从来不和她说一句话，即便是她生病了也没有一句关心。按照你们的逻辑，这个男人没有违法，但你能说他是一个好丈夫吗？他没有任何错误吗？如果是你，你愿意生活在这样的家庭吗？如果这位女士选择了自杀，你也觉得这个丈夫没有一点责任吗？"

这位记者的提问赢得现场所有人热烈的掌声，也使得那位高层哑口无言。最后，这家企业的高层不得不承认自己的失误，并且承诺给予受害者家属和公众一个满意的答复。

可以看出，这家公司高层所说的话表面上是有道理的，实际上却是狡辩，想用这种方式逃避责任。这位记者是聪明的，他运用对方的思维和道理顺势而为，有效地反击了对方的观点，并且让对方无话可说。

可见，化被动为主动，用对方的道理和逻辑来反击，真的是一种高明的说服之术。

在与人沟通时，我们总是希望自己能占据主动，自己的观点能够影响和说服对方，于是便极力阐述自己的观点，从自己的角度为对方分析事情，但结果却是说得越多，和对方的矛盾就越大。因为对方也想让我们接受他的观点，这样两方就会僵持不下，陷入无休止的说服与反说服。

某公司一位总裁和朋友炫耀，每次公司内部有重要职位需要补缺的时候，他都能将自己看好的人推上去，还不会让任何人觉得不满意。朋友觉得很不可思议，问他究竟是怎样做到的。

总裁笑了笑说道："这其实很简单，每次有职位空缺，我就会让手下人给我推荐人选。如果他们推荐的人不是我看好的，我就会告诉他们，这个人虽然没什么问题，但不算太优秀，我怕他承受不了压力，有负众望，于是让他们重新推荐。假如之后推荐的人依旧不是我看好的，我又会告诉他们这个人非常好，但我对他已经有了更合适的安排，麻烦他们再推荐一个人。直到他们推荐了我真正看好的那个人，我才会任用他。就这样，我看好的人顺利上位，他们也认为这个人是他们自己推荐的，当然也就不会有任何不满。"

这个总裁如果直接任命自己看好的人补缺，势必会引起一部分人的不满和质疑。但是用这种迂回的方式让下属推荐人选，自己再从中斡旋，就能给下属一种错觉：这个人是我们自己推选出来的。如此一来，哪怕心存不满，也不好过分质疑，毕竟这是大家集体通过的决定。

其中的妙处在于，让对方觉得你的意见其实是他自己想出来的，从而自己说服自己。

世界级谈判专家阿尔·伦蒂尼也这样建议我们："要想说服对方，首先要从对方的角度想问题，先把自己的思维和对方的思维接轨，在对方的观点中找到与自己的观点共通的地方，然后从这个共通点下手，采用'利己及人'和'利人及己'的方法，达到说服对方的目的。"

所谓"利己及人"和"利人及己"，指的是自己想要做的事情，不仅对自己有好处，也对对方有好处，这样对方就会认为你在以他为中心考虑问题，潜意识里会认为办成这件事受益最大的是他，其他人只是附加的受益者，这样对方就会接受我们的观点。

掌握这项技巧的关键在于，想要说服一个人时，并不需要与其面对面、硬碰硬，因为没有人喜欢被人否定与顶撞。你需要顺势而为，营造一个站在对方阵营的假象，用对方的逻辑反驳他。需要注意的是，当你运用对方的观点时，一定要将对方的观点荒谬化，让他认识到自己观点的不妥，这样你的这场说服战就打赢了。

第七章

刚与柔同时发力，鲜有人能顽抗到底

☑ 直指要害，点明"不服"的危害

☑ 软硬兼施，让对方心甘情愿地配合

☑ 巧妙暗示，让对方自己发现问题

☑ 直击软肋，事半功倍

☑ 忠言不逆耳，让对方心悦诚服

直指要害，点明"不服"的危害

趋利避害，这是所有生物的天性。需要阳光的向日葵，会让巨大的花盘跟随太阳的升落而转向；惧怕寒冷的燕雀，会随四季交替而南北迁徙。植物与动物尚且如此，更何况有着高级智慧的人类呢？

因此，当我们想要说服别人的时候，最有效的方法就是直指要害，直陈利弊，让对方知道，赞同我们的建议，可以实现利益的最大化，如若拒绝我们的建议，将会遭受损失。毕竟在这个世界上，"明知山有虎，偏向虎山行"的人只是少数，对大多数人而言，趋利避害才是理智的选择。

在北宋时期，党项人频频骚扰宋朝边境，双方经常发生小规模战斗，边境百姓苦不堪言。

有一年，宋朝边境的士兵生擒了党项族首领李继迁的母亲。宋朝皇帝赵光义得知这个消息后非常开心，决定要给李继迁一个震慑，于是下令诛杀李母。

大臣吕端听说这件事之后，赶紧入宫觐见赵光义，想要说服他改变主意。

吕端一见到赵光义就赶紧直截了当地问道："皇上，臣听闻李继迁之母已经被抓了，现在正等候斩首。您为什么要杀她呢？"

赵光义得意扬扬地笑着说道："难道不该斩了她吗？朕就是要让他们睁大眼睛好好看看，这就是叛逆的下场。这件事你就不要再管了，朕主意已定。"

见赵光义一副不耐烦的样子，吕端知道，想要劝说他改变主意恐怕不容易。深思片刻之后，他说道："皇上，这样吧，您先容臣说个故事。想当初，汉高祖的父亲落在楚霸王项羽手中，项羽借此威胁汉高祖，而汉高祖顾全大局不为所动。同样，对于李继迁这样野心勃勃的人，诛杀其母恐怕不能震慑他。"

听了这话，赵光义陷入沉思。

吕端接着说道："皇上，即便今日将李母斩首，难道明日就能将李继迁捉住吗？如果不能捉住李继迁，却又白白与他结了仇，那不是更坚定了他的反叛之心？所以，依臣之见，与其杀死李母，倒不如好好将她安置，以她为饵诱降李继迁。即便不能使他投降，也能就此钳制他，让他不敢轻举妄动！"

最后，赵光义采纳了吕端的建议，将李母从刑场带回，好好安置了起来。后来，李继迁虽然并未投降，但在他死后，他的儿子却因仰慕宋朝的仁义而主动向宋朝俯首称臣。

可以看到，吕端之所以能说服赵光义，并不是因为他多么能说会道，而是因为他直陈利害，将杀李母与不杀李母的利弊直接摆在赵光义的面前。能够成为一国之主的赵光义自然不是蠢人，权衡利弊之后，当然会选择对自己更有利的做法。

所以，当你打算劝说某人不要做某件事的时候，最好的方式就是直陈利弊，只要对方不是一个理智全无的糊涂人，就绝对不会一意孤行地往悬崖边走。

对于这一说服技巧，有位演讲大师就运用得炉火纯青，并成功说服一位固执的饭店经理，打消其想要"涨价"的念头。

当时，这位演讲大师正在筹备一个新的培训班，所租赁的场地是一家饭店的礼堂。

事实上，他与这家饭店已有多次合作。因此，在还没有完全安排好租赁事宜时，这位演讲大师就已经给学员发出通知。但没想到的是，正式租赁的时候，新上任的饭店经理却表示，饭店礼堂的租金要涨价，数额是原来的3倍之多，大大超出演讲大师的预算。为解决这个问题，演讲大师只得亲自出马，和这位新上任的饭店经理谈判。

饭店经理是个非常固执的人，才见到演讲大师，还不等他说什么，就连连摆手，表示涨价是上头的决定，他没有任何权利干涉。

面对对方明显的托词，演讲大师没有生气，而是心平气和地说道："对于提高租金这件事，我明白是您的职责所在，毕竟作为这家饭店的经理，您的责任就是多赢利。或许我们应该认真思考一下，提高租金这个决定是否真的能帮您多赢利呢？"

经理看了看演讲大师，虽然没说什么，但心里显然不以为意，提高租金就意味着饭店可以增加收入，当然能多赢利了！

演讲大师笑了笑接着说道："当然，如果我由于租金的关系不能续租这个礼堂，你们可能马上就能将它重新租出去，给别人办舞会、晚会用，从而得到更高的租金，从这一点看，这显然对你们更有利。但如果从长远来看，我认为这个利远远没有弊大。要知道，我的学员和听众中，有着成百上千名受过高等教育的中上层管理人员，他们在各自的领域都是成功人士，假如他们知道你们饭店坐地起价的行为，会怎么想呢？"

"再者，那些来听我讲课的人，必然有一部分是有住宿需求的。假如我放弃租赁这个礼堂，你们失去的将不仅仅是我支付的租金，还包括这些原本有住宿需求的客人。这些客人中间可能有一些人非常有名气，他们的入住本身就是对你们饭店最好的宣传。你们确定要为了眼前的蝇头小利，放弃这个宣传机会吗？"

"最后，希望您能清楚一点，那就是我并非不能重新再找一家饭店合作，只是因为之前与你们的合作一直很愉快，而我也不愿意再麻烦，所以才来对您说这些。还请您认真考虑一下，如果您这边依然决定加价，我也只能选择离开了。"

结果不言而喻，演讲大师自然顺利地用原价租下了礼堂。

可见，直陈利弊，晓以利害，说服就变得轻而易举。毕竟当两个高下立判的选择摆在眼前时，谁会拒绝选择那个对自己更好的呢？

需要注意的是，利用这一技巧说服别人时，我们需要将利害关系摆出来，选择权一定要交到对方手中，给对方思考的时间，让对方做这个决定，千万不要打着"为你好"的旗号强迫对方做出选择，否则很可能激起对方的逆反心理，让此前的努力付诸东流。

　　另外，在说服中，我们摆出来的好坏利弊都应该是有理有据的，而不是毫无根据的瞎编乱造或主观臆断，否则不仅无法说服对方，甚至可能还会让对方对我们产生敌意和反感情绪。

软硬兼施，让对方心甘情愿地配合

很多家庭中，父母管教孩子时，常常是一个唱红脸，一个唱白脸，组合成严父慈母或者严母慈父的模式。还有一些商业谈判中，软硬兼施的谈判手段也是屡见不鲜，一个谈判团队中必然会存在锐意进取的"犀利派"，当然，也少不了温和无害的"和事佬"。

每个人或多或少都有欺软怕硬的心理，但又都存在几分叛逆。所以，当你试图说服一个人的时候，如果你表现得过于软弱，可能就会反过来被对方钳制；如果你表现得过于强硬，则又可能激起对方的逆反心理。因此，想要说服一个人，你必须懂得软硬兼施，一步步将对方的后路堵死，让对方在你的攻势中彻底沦陷。这个过程就好像驯兽，你得给它恫吓，但同时也要给它甜头。

下面这个案例或许可以给你一些启示：

年末，某公司组织员工到外地旅游，因为路上出了事故，赶到预定的宾馆时已经是半夜了。就在大家准备洗个热水澡好好休息的时候，却发现房间里没有热水。于是，两位正副领队只好去找宾馆经理解决。

领队："真不好意思，这么晚还麻烦您，但我们大伙现在都浑身是汗，不洗澡实在是没法休息。再说，我们预定的就是有单独浴室的套房，有 24 小时热水供应的，现在却是这么个情况，您看要怎么解决啊？"

宾馆经理："这个事情我确实没办法，热水是统一由锅炉房烧的，然后再输送到每个浴室的水箱里。今天不知道他们怎么安排的，忘记这几个房间预订出去了，就没给留热水。现在锅炉工也下班回家了，我也没办法。这样吧，我叫人给你们开集体浴室，那里还可以洗嘛。"

副领队："要这么安排倒也不是不行，只不过话得提前说清楚，我们当初预订的是有单独浴室的套房，一间 300 块。现在单独浴室不能用，只能去集体浴室洗，那就相当于我们的住宿条件和大通铺没什么两样。既然如此，我们住宿的钱是不是也应该降到大通铺的水准，一个人 100 块？"

宾馆经理："这怎么行呢？这是绝对不行的。"

副领队："那你们就必须给套房浴室供应上热水。"

宾馆经理："这锅炉工都回家了，我是真的没办法给你们弄热水啊……"

见宾馆经理一副着急的样子，领队再次开口说道："我们也知道这样是让您为难了，但您也要体谅我们不是？你看看我们这一个个的，风尘仆仆，也想赶紧洗个热水澡好休息。我相信您肯定能有解决办法。实在不行，指派几个服务员，给我们每个房间提上几桶热水也是可以的。您这边尽快安排，我们就负责劝说大家耐心等待，您看如何？"

话已至此，宾馆经理不再说什么，考虑片刻后便让人把锅炉工找了回来，给众人供应上了热水。

一开始的时候，宾馆经理显然是抱着一种糊弄的态度，指望客人能够妥协，多一事不如少一事。但正副领队没有让他如愿，他们一个唱白脸，一个唱红脸，软硬兼施地使经理不得不做出让步与妥协。

不得不说，正副领队这次"配合战"确实打得非常好。领队在和经理反映情况时，一直保持友善和理解的态度，而当他们发现经理表现出敷衍和糊弄的态度后，则由副领队出场，态度强硬地提出退钱的"威胁"。等副领队夹枪带棒地把经理逼到墙角之后，"善解人意"的领队再次站了出来，顺势提出解决问题的建议。如此一来，有了咄咄逼人的副领队作为对比，"温和友善"的领队轻松就能得到经理的好感，加之其提出的建议能迅速打消副领队的"威胁"，一切事情自然也就水到渠成了。

人毕竟是情感动物，再理智的人，也不可能完全不受情感的影响，甚至在很多时候，情感的号召力往往比理性的号召力还要大。所以，当你试图说服他人的时候，如果不能重视他人的情绪，只会以强硬的态度和冰冷的语言"攻城略地"，即便你说得再有道理，恐怕也很难让对方心悦诚服。

所以，如果真正地想要说服一个人，除了占理之外，还必须懂得控制语言的"软硬度"，打完"巴掌"后不忘给对方一个"甜枣"，软硬兼施，如此说服才能水到渠成。

巧妙暗示，让对方自己发现问题

生活中，许多人比较在意"面子问题"。所以在很多时候，当你试图指出一个人的错误并说服他接受你的意见时会困难重重，这并不是因为你的口才不好，或说的话没有道理，而是你的批评让对方感到面子受损，引起对方的不满，故而不愿再与你交流下去。

诚然，没有人喜欢被批评，即便发现自己的行为的确不妥，想要心无怨言地坦然接受批评也不是件容易的事。尤其是你直接在大庭广众下发难，或言语之间丝毫不给他留面子，即使他最终接受了这次批评，双方的感情也很难再像从前一样。

其实，我们批评一个人，为的是让这个人认识并改正自己的错误，今后能够做得更好。既然如此，如果能用更委婉的方式达成这个目的，那为什么非要把批评变得尖锐无比，让双方剑拔弩张呢？

苏格拉底是古希腊著名的思想家、哲学家和教育家。一天，苏格拉底和弟子们聚在一起聊天。一位家境相当富裕的学生，趾高气扬地向同学们炫耀：他家在雅典附近拥有一片一望无边的肥沃土地。

一直在其身旁不动声色的苏格拉底拿出一张世界地图，然后说："麻烦这位同学指给我看看，亚细亚（亚洲）在哪里？"

"这一大片全是。"学生指着地图扬扬得意地回答。

"很好！那么，希腊在哪里？"苏格拉底又问。

学生好不容易在地图上将希腊找出来，但和亚细亚相比，的确是太小了。

"雅典又在哪儿呢？"苏格拉底又问。

"雅典，这就更小了，好像是在这儿。"学生挠挠头，指着地图上的一个小点说。

最后，苏格拉底盯着他说："现在，请你再指给我看看，你家那片一望无边的肥沃土地在哪里？"

这位学生汗都下来了，他心里自然清楚，他家那片一望无边的肥沃土地在地图上连个影子也找不到。这时他已然明白，老师苏格拉底的这一番询问其实是在批评他。他无比愧疚地说道："对不起，我找不到，我知道自己错在哪里了。"

苏格拉底一句结论性的话都没有说，而这位学生却通过他的提问和暗示，明白了老师是在批评他。这种循循善诱的暗示，可以说是非常高明的教育方式，它能够激发当事人的反思，有着非常好的教育效果。

其实，人的内心总有一种抗拒批评、抗拒改变的惰性，在我们交流的过程中，如果方式方法不对，很容易在这种惰性上碰钉子。实践证明，循循善诱的交流方法，其实是最有效的说服手段。

小勇是很多家长口中典型的"不听话的孩子"，学习态度不好，成绩也很差，经常应付作业，考试抄袭，还不听老师的话，被批评和叫家长更是常事，这让他的父母十分头疼。

刚开学的第一天，小勇就因为要同学帮自己写作业遭到拒绝而动手打人被老师叫到办公室。班主任看他一副大大咧咧的样子，似乎并不觉得自己不写作业和打人有什么错，从上学期老师们的口中他也知道：小勇是一个出了名的刺儿头。

既然小勇一副"天不怕地不怕"的样子，那么就换个方式来教育他吧！班主任这样想着，招呼道："小勇，你来帮我查两个字，老师这会儿忙，顾不上。"

小勇很意外，本来他已经准备好被骂个狗血喷头的，没想到这个班主任竟然不按常理出牌。他拿过字典，很快就把那两个字查好并写了下来，班主任很满意，还夸他字写得挺工整的。见这个新班主任竟然如此平易近人，小勇也放下了戒心和抗拒心理，开始跟班主任聊了起来。过了一会儿，班主任说："来，你把刚才那两个字默写一下。"

不出所料，小勇写得又快又对。"你看'眼过千遍不如手过一遍'，老师之所以布置作业，就是为了让你们在写的过程中把知识记得更牢，你说是吗？"

也就是从那之后，小勇的学习态度有了很大的改观，不仅父母，连同学都觉得他似乎换了一个人，成绩和表现越来越好。

有些时候，批评和唠叨都无法奏效时，循循善诱更为有效。正所谓润物细无声，于无声处听惊雷，苏格拉底也好，小勇的班主任也罢，都是交流沟通的高手，他们都懂得对学生循循善诱。这种循循善诱的沟通方式，既不会引起学生的逆反心理，又拉近了彼此的心灵距离，堪称说服的最高境界。

设想一下，假如你是一名监工，在炎热的盛夏，发现手下的一群工人还没完成多少活儿就聚在一起休息，你会怎么做呢？如果你怒气冲冲地走上前去，训斥他们拿了钱却不干活，那么在当下，因为畏惧你，工人们即便不情愿，估计也会赶紧站起来，回到工作岗位。但等你离开之后呢？

如果换一种方式，作为监工的你没有直接训斥他们，而是体谅地对他们说："这几天实在太热了，但工程进度比较紧张，只能辛苦各位坚持一下，帮忙赶赶进度。我已经吩咐了，让后勤给各位工友准备消暑降温的设备和酸梅汤，大家辛苦一下，早点把事情干完，也好早点休息！"听了你这样一番话，想必绝大部分工人心中必然是舒坦和感激的，自然不好意思再偷懒了。

请记住，你要说服的对象不是你的敌人，你的最终目的是争取对方的好感与合作，让对方心悦诚服地配合你，而不是用冷硬的语言伤害对方、击倒对方。所以在批评的时候，注意给对方留些面子，让批评委婉一些，或许能收获惊喜。

直击软肋，事半功倍

想要说服一个人不容易，想要说服一个性格顽固的人，更是难上加难。尤其是在我们对对方一无所知、完全不了解的情况下，哪怕磨破嘴皮子，恐怕也只是在做无用功罢了。

成功学大师戴尔·卡耐基非常喜欢钓鱼，并且从中认识到一个重要的人生哲理："我非常喜欢吃草莓和奶油，但我发现，由于某些奇怪的原因，鱼宁愿吃虫子。因此，当我钓鱼时，我不是想着我喜欢吃什么，而是想它们喜欢吃什么。我不想在钩上放草莓和奶油作诱饵，而是在鱼面前挂上蠕虫或蚱蜢。"他还幽默地说："当我们'钓人'时，为什么不运用这个常识呢？"

说服别人也是如此，最重要的是知己知彼。

假如我们能够走进对方的内心，找到其软肋，必然可以一击即中，实现说服的目的。这就像武侠小说中说的，想要战胜一个高手，你必须攻击对方的软肋，才能克敌制胜。

　　隋文帝时，大理正赵绰被奸臣来旷诬陷，说他执法不严。文帝下令调查，结果发现并没有那么回事，他一怒之下，下令判处来旷死刑。这时，赵绰却站出来为来旷求情说："来旷虽然有罪，但是罪不至死。"

　　文帝听了很不高兴："他诬陷了你，你反而救他，倒显得你宽宏大量，朕不能容人了。"

　　赵绰赶忙跪下叩头道："陛下不以臣为愚忠，命臣执掌国家大法，臣只知依法行事，而不知其他。按法来旷不当判处死刑，这也正体现陛下的爱人之心啊！"

　　文帝仍然没有消气，转身打算回宫，并且下令不许再提来旷之事，如果有其他事情才可面奏。

　　赵绰在后面大喊："陛下，臣还有别的事情要说。"

　　隋文帝停下了脚步。赵绰下拜说："臣有三大死罪。"

　　文帝听了感到十分奇怪。赵绰接着说道："臣身为大理正，没能管理好下属，使得来旷触犯了法律。这是其一；来旷罪不至死，而臣不能以死力争，这是其二；其三，臣原本无事上奏，但是情急之下欺骗了陛下，犯有欺君之罪。"

　　听到这里，文帝的脸色终于缓和下来，说："难为你如此忠贞。"并下令赦免来旷的死罪，改判革职流放。

　　在这个故事中，赵绰之所以能够说服文帝，是因为他明白帝王的需求。所以他首先利用"爱人之心"，满足帝王至高无上的尊严的需求。但这似乎还没能完全打动对方，于是，他又用三个不成理由的"理由"，让文帝感受到臣下的忠贞，这也是帝王的一种需求，从而达到了说服的目的。

　　可见，说服一个人的关键就是了解对方。只有你了解对方，才能找到他的软肋，让说服事半功倍。好比你去攻击一只穿山甲，如果把力气全都使在穿山甲背部的"盔甲"上，可能累得气喘吁吁也不能伤它分毫。假如你攻击的是他柔软的腹部，不需要用多少力就能将它拿下。

忠言不逆耳，让对方心悦诚服

　　生活中，我们常常看到这样一个现象：一个语气强硬的人试图说服一个人时，尽管他的观点是正确的，理由也说得头头是道，最后却不能将人说服；一个温言软语的人试图说服一个人时，从不会指出对与错，道理也是模棱两可，令人不可思议的是，他最后却能将人说服。

　　可见，成功说服别人需要的不只是讲道理，还要注意态度。

　　其实，想要说服一个人，真正做到让对方心悦诚服，关键在于要让对方觉得你的话听起来很舒服。有什么样的态度，就有什么样的用语。如果你的态度生硬，说话的语气必定尖锐，别人也就不会买你的账；如果你的态度诚恳，说话的语气必定亲切，让人听了心里舒服。

　　试想，如果一个人对你说"到时间了，赶紧去吃饭！"另一个人对你说"现在时间已经很紧迫了，准备吃饭吧，不然一会儿见朋友会迟到的"，你会更愿意听谁的话呢？

追根究底，二者都是劝你抓紧时间吃饭，都是对你的一种关心。显然，前者说话的语气不够委婉，太过生硬，难免会让人产生抵触和逆反心理，而后者充满关心的建议则更容易让人感到心里舒服，觉得他是发自内心地为你考虑。谁会拒绝一个真正关心自己的人呢？

有这样一句格言："一滴蜜汁比一加仑的胆汁，更能吸引苍蝇。"不得不说，这个比喻真是妙极了。苍蝇喜欢甜的，而胆汁是苦的，即便你放很多胆汁在那里，对于苍蝇来说，吸引力也比不过一滴甜甜的蜜汁。

人何尝不是如此呢？相比居高临下的斥责、声色俱厉的禁止，人们显然更喜欢听那些让人感到愉悦的温言软语。所以，如果你想劝导一个人，就要学会硬话软说，让对方由衷地感受到你的关心与尊重，从而心情舒畅、心悦诚服地采纳你的建议。

　　一次，小何因出差到某地旅店投宿，付了房钱后，一个正准备离开的旅客突然对他说，这家旅店的蚊子很多，叮起人来特别厉害。由于已经交过了钱，所以换旅店也就不可能了。小何很担心晚上能否安稳睡觉，想事先同服务员打个招呼，又觉得这样做不是很好，因为服务员不一定能乐意接受。

　　小何一边向服务台走去，一边想着如何向服务生说这件事。当他走到服务台的时候，突然一只蚊子正好飞来，小何灵机一动，马上对服务员说："没想到，你们这里的蚊子这么聪明，它竟然会预先来看我的房间号码，以便夜晚光临，饱餐一顿。不过，我明天还要去见客户，今晚不想和蚊子约会。"

　　服务员听了这一番话后，马上哈哈大笑起来。他知道小何的意思，因为来这里住店的很多人都提过这种要求，但蚊子毕竟不受人管理，所以他们一直都是可管可不管的态度。这次因为小何委婉而幽默的说辞，服务员就在小何的房间，采取了一系列防蚊措施。

　　这一晚上，小何睡得很好。

　　人和人的感情不仅需要培养，更需要维护，说服也应该以维护感情为目的去做。如果小何生硬地告诉服务员房间里的蚊子很多，很可能得到的就是完全不同的对待。相反，他的话语风趣而委婉，让服务员听起来很舒服，当然也就乐意接受了。

　　说服别人的时候，关键是将话说得好听。也就是说，你要能够让难听的话变得好听，让逆耳的忠言变得不那么有棱角，如此你的话才能变得更富说服力，容易被人接受。

第八章

会一点另类招式，可以出奇制胜

☑ 正话反说，荒谬中完成心理突破

☑ 瞬间沉默，留下余味让对方琢磨

☑ 自造声势，让别人更信服自己

☑ 泼冷水、唱反调，同样有效

☑ 懂点性格推理，说服因人而异

☑ 分寸把握好，反驳也可以很有趣

正话反说，荒谬中完成心理突破

每个人或多或少都有点自欺欺人的倾向，相比对自己不利的言论，人们显然更喜欢听到赞美的声音。这就使得在很多时候，当我们对一个人提意见时，哪怕话说得再有道理，也可能因触犯到对方敏感的神经而导致说服失败。

小彭在一家创业公司上班，公司虽然不大，但前景很好，当时已经融资成功。为了更好地开展业务，最近老板召开了一场全体员工会议，提议开展批评与自我批评。老板带头在现场进行了自我批评，然后强令下属当场批评自己："有做得不好的地方，希望大家指正！""你们有什么意见，尽管说出来。"

小彭是个直肠子的人，私底下没少抱怨老板。现在，老板主动要他们公开批评，那他就更耐不住了，第一个站出来，非常认真地给老板提了几条意见，诸如"我们的工资待遇不算高，绩效衡量标准有些不合理""作为领导，您的专业能力有待提高，有些事情您考虑得不周全，公司的各项制度不完善"……

当众被员工如此批评，老板的脸上一阵红一阵黑，自此对小彭再也不像以前那样热情了。

事后，小彭满腹怨言："当初是老板主动让我们批评的，当我真的把自己的想法说出来之后，却发现老板的脸色变得很难看，不是他叫我批评的吗，怎么会这样？"

小彭有错吗？自然没错。可事情为什么闹到这个地步？就在于小彭的说话方式错了。小彭不懂"直言有讳"的道理。所谓直言，自然就是说真话，有意见就提意见。所谓有讳，就是讲究方式方法，不能傻乎乎地直接表达，否则即便你说得再合理，只要伤害到别人的面子和自尊，别人也会拒绝听你的。

那么，当别人有做得不好或不对的地方，我们就无计可施吗？也并非如此，这里教给你一个有效的劝导术——反语。反语是交谈中的技巧之一，其特点就是字面意思与本意完全相反，这样反说出来的话有时能使本来困难的交往变得顺利起来，让听者在比较舒坦的氛围中接受你的信息。

在特定情况下，采用反语会收到意想不到的奇效。只要你遵循这种方式说话，往往就很容易说服别人，轻松达到目的。

当我们说服他人的时候，很多说服对象的态度十分强硬，对我们说的话根本听不进去，此时尤其适合使用反语，或正话反说，或反话正说，如字面上肯定意义则否定，或字面上否定意义则肯定。这样可以营造含蓄和耐人寻味的意境，将人不知不觉地拉入你的思维。

《史记·滑稽列传》中记载了淳于髡、优孟、优旃三人的故事，其中优旃是一个十分有趣、高情商的人。

有一次，秦始皇为了围猎享乐，下令大肆扩建御花园，多养珍禽异兽，这是一件劳民伤财的事。大臣们纷纷上书劝秦始皇别这样做，秦始皇对群臣的劝说十分反感，不仅完全听不进去，还生气地下旨："谁再敢对这件事进谏，格杀勿论！"群臣们再不敢进谏。

这时，优旃挺身而出，他对秦始皇说："好，这个主意很好，规模还要更大些才好。"

秦始皇听到优旃不劝谏，反而支持自己的主张，不觉喜上心头，大呼："好！好！"并询问优旃支持自己的缘由。

"依我看，"优旃清了清嗓子，慢吞吞地回道，"多养些珍禽异兽，敌人就不敢来进犯了。即使敌人来了，咱们下令麋鹿用角把他们顶回去就足够了。"

　　秦始皇听了忍不住大笑起来，并且意识到自己的鲁莽，破例收回成命。

　　优旃采用的办法就是反语，他表面上赞同秦始皇的主意，实际上是说如果按秦始皇的主意办事，国力就会空虚，敌人就会趁机进攻，到那时，那些珍禽异兽是不可能御敌的。这样的反话既可以保全自己，又能让秦始皇明白扩建御花园是昏庸的举措，从而改变自己的决定。

　　反语是一种欲擒故纵，比直言陈说更有说服效果。在实际运用中，我们可以正则反之，反则正之，这样既不伤害别人的面子和自尊，又能一针见血地指出问题所在。还可以故意放大荒谬，让对方更清楚地看到问题的严重性，从而达到更好的说服效果。

瞬间沉默，留下余味让对方琢磨

通常来说，所谓"说服"，自然是要开口"说"，才能让对方"服"，得在口才上见真章。但由此也让一些人产生了一种错误的认知，以为只有滔滔不绝地讲话，才能体现自己的口才。实际上，很多时候，恰到好处的沉默，才是说服高手的绝妙招数。

适时的沉默不是妥协，不是软弱，更不是无话可说的窘迫。相反，它可以帮助我们掩盖真实的意图，又能向对手施压，从而帮助我们赢得话语的主动权，更好地掌控谈话节奏。可以说，恰当的沉默，是给对手的一记重拳。

两家公司正在对合作事宜进行谈判。起初甲方公司代表表现得非常强势，完全没有把乙方公司代表放在眼里。他们一上来就甩出大量的产品说明、价格对比、相关法律条文等谈判资料，咄咄逼人地展开陈述，以为凭借舌灿莲花的说话技巧就能轻松说服乙方公司，让其乖乖签下协议。

面对滔滔不绝的甲方公司代表，乙方公司代表完全插不上话，全程只能坐在那里认真倾听。在这样的状况下，甲方公司代表越发高兴，觉得自己已经完全占据优势，很快就能成为最后的赢家。

然而，当乙方公司代表将沉默贯彻到底的时候，甲方公司代表终于慌了。合作是双方的事宜，如今却只有他们一方在滔滔不绝地说，对方却完全不表态，这样下去还怎么谈合作？等到签约的时候，事情就会更加脱离掌控。

果然，当甲方提出签约时，乙方仍然保持沉默，久久没有开口说话。乙方公司代表的沉默让甲方公司代表备受煎熬，只得再次耐心询问："贵方没有表态，是因为觉得哪里不妥当吗？"

乙方依旧没有说话，只是沉默地摇了摇头。几分钟后，乙方才慢悠悠地说道："确实存在一些问题，对于贵方之前的阐述，我们还有一些不太清楚的地方。"

听了这话，甲方公司代表惊讶地问道："那是什么地方不清楚呢？我们可以再讲一遍。"

　　至此，话语的主动权回到了乙方公司代表手上。而乙方这一运用沉默的招式，让甲方公司代表一开始的强势态度和滔滔不绝的"演讲式"发言完全成了无用功。

不得不说，乙方公司代表非常聪明，面对强势的甲方，他们没有采取针锋相对、以硬碰硬的方式和对方辩论，争抢话语权，而是用沉默作为回应，让对方一拳打在棉花上，根本落不到实处。正是这种恰到好处的沉默策略，打乱了对方的谈判节奏，让谈话的主动权回到自己手上。

　　可见，有的时候，沉默比话语更有力量。尤其是面对强势的对手时，适时的沉默可以在帮助我们应对对方强势态度的同时，为自己赢得更多的时间和机会，从而让胜利的天平倾斜于我们。

　　沉默为什么具有这么大的力量呢？有心理学家表明，长时间的沉默往往会对人造成极大的心理压力。通常来说，人们天生就排斥沉默，因为沉默会让人缺乏安全感。因此，在谈判中，如果一方突然陷入沉默，往往会对另一方造成心理压力，如果时机把握得好，甚至可能会让对方主动举手投降。

　　需要注意的是，沉默并不是一个劲儿地不说话，而是需要你展现出沉着冷静、气定神闲的姿态。你必须把自己武装得高深莫测，这样才能迫使对方沉不住气，亮出自己的底牌，甚至主动妥协。沉默虽然是无声的，但只要运用得当，它将比任何精巧的言语更有力量，即便无声也能胜过有声，让人信服。

自造声势，让别人更信服自己

古时候打仗，十几万士兵，对外就能宣称"百万雄师"，为的就是用声势浩大恫吓对手。有时，营造一个声势，将"小事化大"，也能增加成功说服的砝码。

有人可能会说："这不是在撒谎吗？"当然不是，事实上这就是一种放大。你所描述的那些事情的确是真实的，并不是虚构的。比如，你的作品登上过某刊物，你策划过成功的活动，在用语言描述的时候，可以巧妙地钻一些"漏洞"，放大这些事件的影响。这就叫虚张声势，在说服术中，用得好便是一记妙招。

一家饮用水生产公司做了一项震惊业内的决策，宣布以后企业再也不会生产纯净水了，全部改为生产天然水。

事实上，这并不是什么天大的事，不就是公司决定改良自己的产品，把纯净水变成天然水。但为什么这件事会闹得这么大？原因其实很简单，就是一种广告宣传策略罢了。

该公司凭借占据国家一级水资源的优势，以"站在维护消费者利益的立场"为由，借助一个尚存争议的营养学知识——长期饮用纯净水不利于补充矿物质，公然向全国"纯净水联盟"发起挑战，将自己放到一千多家纯净水生产厂商的对立面。就这样，一件完全可以算是企业内部的"小事"，放大成了举国皆知的"大事"。

一下树立这么多的对手，公司会不会得不偿失？当然不会。对于他们来说，需要说服的，从来不是和它们存在竞争关系的饮用水生产厂商，而是广大的消费者。换言之，只要此次事件引起的轰动足够大，他们放出的理由足够让消费者信服，他们的广告就是成功的。

事情的结果就是，该公司不仅漂亮地击败所有竞争对手，以天然水的全新形象挺进饮用水市场，而且再次打响自己的品牌，进一步扩大了影响力。

这场策划可以说是一个非常经典的说服案例，它巧妙地将一件原本算不得什么的"小事"无限放大，让其变成一个全国性的事件，成功地为企业造势。然后，再抓住一个尚存争议的营养学观点，利用大众对健康问题的关注，紧抓绝大多数人"宁可信其有"的心态，成功击败对手，以迅雷不及掩耳之势挺进市场。

虚张声势可以说是广告宣传策略中最常见的一种手法。设想一下，当你买衣服的时候，是听到售货员说"衣服料子很不错"吸引你，还是听到售货员说"这衣服的料子是国内一流厂家生产的"更吸引你？事实上，无论哪一种描述，可能都不是在说假话，只不过第二种描述方式无形中放大了料子好的方面，让它有了一个更吸引人的噱头，当然也就更让人信服了。

炊具推销员李凯就是靠着这一招成功将炊具推销出去的。

那是一个天气很好的周末，李凯带着公司新推出的炊具来到一个小区，他并没有像其他推销员那样挨家挨户地上门推销，而是在小区里支起一个摊子，将带来的炊具一一摆放出来，并招呼路过的人，让他们带着自己的家人一块来观看他的厨艺表演和精彩的产品介绍。李凯热情地向大家保证："你们一定会喜欢这场表演，更会喜欢这套炊具的。"

很快，李凯就招呼来不少小区居民，他开始认真地使用炊具表演起烹饪。事实上，李凯并不是什么烹饪大师，他的厨艺顶多就是能把东西煮熟罢了。他的表演并非真的做菜，而是用一些稀奇古怪的噱头来展示炊具的优势，比如用文火不加水煮苹果，而苹果完全不会粘锅等。

　　李凯新奇的表演方式让不少人对这套炊具产生好奇，纷纷询问起来。通常这个时候，其他推销员可能已经趁热打铁地开始推销产品了，但李凯并没有这样做。只见他淡然地将炊具打包收拾起来，礼貌地对围观群众说道："多谢大家观看我的厨艺表演，并听我介绍这款产品。如果哪位先生或太太有意购买，可以到我这里登记，明天公司会安排送货上门的。"

　　有人表示不理解，询问李凯："为什么要明天呢？你过来推销，难道不是为了销售商品吗？"

　　李凯解释道："虽然我也希望能立即让你们得到产品，但很抱歉，我今天只带了样品过来。而且，公司存货不多，这批预订完之后，下一批恐怕得等到几个月之后。如果谁想购买这套炊具可以到我这边登记，然后交一部分定金，明天一定会给大家送货的。"

　　听到这里，又有人问道："交了定金，明天就一定能有货吗？"

　　李凯真诚地保证道："当然，诸位是我今天的第一批客人，我可以保证每一位预订的客人明天都能拿到这套炊具。再之后的客人，大概就没有你们这么幸运啦！"

　　于是许多围观的人都登记并交了定金。李凯只用一个上午就做成十几笔订单，效率比挨家挨户推销要高得多。

事实上，李凯在推销炊具时也用了虚张声势的宣传方式。从他一开始以"厨艺表演"为噱头来吸引观众，到后来在订购中特意透露存货不多的信息，都是在虚张声势地吊客人胃口，目的只有一个，那就是通过放大炊具的优点引起客人对炊具的兴趣，从而刺激购买欲。

需要注意的是，虚张声势只是我们说服的手段，绝不能发展成为恶意欺瞒或戏弄别人的方式。有多大锅就配多大盖，有多少能力就揽多少事，造的"势"能压倒别人一时，却压不了别人一世，只有自身的实力才能保证我们走得长远，走得稳当。

泼冷水、唱反调，同样有效

世上的人形形色色，有好说话和讲道理的，同样也有顽固不化和不讲理的。遇上前者，你和他摆事实、讲道理可以，但若是遇到后者，哪怕你磨破嘴皮子，恐怕也不能将他说服。对付喜欢和别人唱反调的人，与其苦口婆心地劝解，倒不如给他泼泼冷水，刺激下他的自尊心，毕竟激将容易请将难嘛！

艾尔·史密斯在任美国纽约州州长期间遇到过一件非常棘手的事。就是魔鬼岛以西臭名昭著的辛辛监狱缺少一名看守长。但由于辛辛监狱恶名在外，想找一个有能力、有手腕的人来管理它，也不是件容易的事。多番斟酌之后，史密斯把目标放在自己最优秀的下属之一刘易斯·劳斯身上。

打定主意之后，史密斯召见了劳斯，开门见山地对他说：

"让你管理辛辛监狱怎么样？"

一听这话，劳斯断然拒绝道："不，当然不行！那种鬼地方，谁会愿意去？"

史密斯早已料到劳斯的回答，当下并没有忙着劝说，只是淡淡地笑道："怎么，害怕了？我早知道你会这样。年轻人，不过没关系，我不会因此而责怪你。要知道，想要坐稳辛辛监狱看守长这个位置，本来就不是一件容易的事，只有经验丰富、真正具备正直勇敢品质的人，才能挑起这个担子！这对于你而言，或许有点困难！"

劳斯一听不乐意了，他猛地抬起头，目光灼灼地看向史密斯，大声说道："我究竟能不能胜任这份工作我也说不好，但我想，我必须得争取一个机会试一试！"

史密斯站了起来，拍拍劳斯的肩膀，说道："哦，这么说，你决定答应这份任职？但有句话我得说在前头，想要管理好辛辛监狱，对你这样的年轻人来说确实不是件容易的事。假如你只是抱着试一试的态度，那么我想结果不会有多好……"

"不，我一定会做好的！"劳斯打断史密斯，"阁下，我会向您证明，我一定是最适合这个岗位的人！"

就这样，劳斯以昂扬的斗志接下这份任命，并在抵达辛辛监狱之后开始根据监狱的情况大刀阔斧地进行一系列的改革。后来，在劳斯的帮助下，很多监狱内的犯人走上了重新做人的道路。

明明一开始不愿意做的事情，被别人三言两语地泼泼冷水，反而就要上赶着去做，这就是激将法的奇妙之处。

其实，所谓激将法，就是利用人们的逆反心理和自尊心，通过泼冷水、唱反调等一系列方式，激起对方不服输的心态，从而使对方自觉自愿去做一些事情来证明自己。这种方法最适宜用来对付那些性格固执高傲、自尊心强的人。对这样的人，你苦口婆心地讲道理，他反而不会太放在心上；你拉下面子好话说尽，也未必能让他买账。但如果你反其道而行之，给他泼泼冷水，和他唱唱反调，他反而会主动接受你的建议。

其实这并不奇怪，因为这样的人最看重的就是自己的面子和自尊心，你吹捧他，他或许觉得理所当然，但要是你打击、质疑他，他可就不高兴了，非得用行动证明自己的能力。在他看来，自己做这些事情，完全是为了维护脸面和自尊心，证明自己的能力，而不是受你驱使。但对于我们而言，只要结果能够得偿所愿，过程如何，又有什么关系？

日常生活中，因被激将法刺激而奋起的例子并不少见。

某大学在新生入学时组织了一次综合性的体能测试。

期中，女生有一项立定跳远的测试，规定距离到一米五即可达标。这个要求其实并不高，基本上每个女生都能达标。之前测试也确实非常顺利，但这次轮到一个女生时，麻烦却来了。

一开始，这个女生表现得扭扭捏捏，怎么都不肯跳。后来在体育老师的劝说下，好不容易跳了，却不达标。体育老师本想劝她重新跳一次，因为他看出来这个女生跳远时并没有用尽全力，好像放不开似的，起跳都不敢用力。

但不管体育老师怎么说，这个女生就是咬着嘴唇不说话，不肯再跳。其实，她不想跳的原因很简单，就是害怕别人看到她跳远时显出的笨拙样子取笑她。

最后，体育老师也没辙了，只得说了一句："算了，算了，不跳就不跳，反正你照这个样子，怕是连一米二都跳不过去。"

听到这话，女生突然握了握拳头，满脸不忿地重新走了回去，咬咬牙奋力往前一跳，顺利跳过合格线，成绩居然还挺不错！

因为自卑心理的影响，这个女孩子不敢拼尽全力跳远，生怕自己跳远显出笨拙的样子遭到周围同学耻笑。但体育老师的一句话却又刺激了她的自尊心和好胜心，促使她不顾一切地证明自己，从而取得了好成绩。

　　这就是激将法的奇妙之处。只要用对地方，用对时机，就像是给人注入一针"兴奋剂"，促使对方心甘情愿、斗志昂扬地做原本不肯做的事情。

懂点性格推理，说服因人而异

生活中，你是否经常感到费解，为什么有些人和你相谈甚欢，彼此很容易就能达成共识，而有些人却沟通不快，颇难应付？其实原因非常简单，有些人性格与你相近，你们对事物的看法及处理态度如出一辙，双方的沟通模式便易于融合，沟通过程自然愉快而顺畅，很快就能达成共识。

相反，有些人由于性格与你有所不同，甚至截然不同，你们对事物的看法及处理方式相差甚远，自然说不到一起去。可以说，性格是影响我们交际的主要因素，同样可以影响我们的谈话。

生活中，说话要分人，针对不同的人采用不同的说话方式。

平时很多人有这样一种片面理解，认为"见什么人说什么话"是为人圆滑和虚伪的表现。但事实并非如此，这恰恰是与人交流沟通的一项秘诀，是了解别人同时也能得到他人认可的一种说话技巧，是一个人社交能力、学识修养和处世态度的具体体现。

一家理发店因店面扩张，新招了几个学员。老理发师技术过硬，服务态度也很好，尤其善于言辞，他很会跟顾客聊天，有时候理完发顾客有意见时，只要他一解释，几句话的工夫，情况即可发生变化。他带的这几个徒弟，虽然看起来都很勤快，理发也很认真，但就是不会说话，面对一些顾客的问题或责难，往往不知该如何解决。

比如一位顾客理完发后，仔细照了照镜子，觉得不太满意，便提出意见："这顶上的头发留得太长了吧！"

给这个顾客理发的徒弟一听脸就红了，他想说的是："您头顶上的头发都快掉没了，如果太短，头皮就露出来了……"

他知道这话不能说，说了顾客肯定会觉得没面子，脾气不好的也许还会骂人。于是，他迟疑地站在那里不知该说什么好。这时，老理发师赶忙走了过来，笑着对顾客说："先生，您这个脸型留长点好，显得您内敛，这叫藏而不露，很符合您的身份与气质；短了，反倒跟你的气质不搭呢！"

顾客显然对这个解释很满意，微笑着离开了。

这时另一位女顾客也理完了，她照了照镜子，噘着嘴问给她理发的另一个学徒："你怎么把我的头发剪得这么短呢？我说了只是修一下，怎么剪短这么多？"

这个学徒结结巴巴地说："刚才您说嫌长想修短的……"

女顾客当时就急了："我说的修一下，修短点不是剪短！"

学徒站在那说不出话来，显然有点蒙。老理发师急忙走过来笑着说："姑娘，你这短发造型看起来干练多了，显得特别有精神，我们也是根据您的状态给您设计的发型，发型一变，整个人都不一样了呢！"

那位原本噘着嘴的姑娘听了这番话，又对着镜子端详了一番，点点头，满意而去。

等顾客都走了之后，老理发师开始给几个学徒上课："每个人的脾气都不一样，有的急，有的慢，有的大大咧咧，有的斤斤计较，你跟他们说话，得挑他们喜欢的说，啥样人说啥样话，你这心里得有数。"

"比如我遇到过急性子的人，总是嫌理发慢，耽误时间，这样的人你得多夸赞这发型给他增加了气质和魅力，让他觉得这时间花得有价值，他才能满意。"

"也有那些嫌我们理发太快、不够精细的，对于这样的顾客，你不能直接跟他辩解说你理得没毛病，又快又好，这样跟他们是说不通的，而应该转移视线，比如说看他不停接打电话，肯定是工作繁忙，这样快一点，是为了节省他宝贵的时间。"

几个学徒听了老理发师的这些话，忍不住冲他竖起大拇指。很显然,他们几个已经领会了师傅的沟通技巧。

我们也要从这位老理发师身上多多学习。所谓"见什么人说什么话",表达的并非阿谀奉承的贬义,而是善于沟通,是使话语让对方舒服的一种技巧。

从心理学角度来说,性格是一个人在对现实的稳定的态度和习惯了的行为方式中表现出来的人格特征,如勇敢、腼腆、沉静、暴躁、果断和优柔寡断等。配合性格谈话,是一种结合心理学与谈判技巧的沟通方式,它能帮助你与别人顺利交谈并获得双赢局面。

换言之,在与人谈话时,我们不仅要千方百计地控制自己,不让自己不好的性格占据主导,还要通过各种渠道了解谈话对象的性格。只有了解对方的情况,我们才能根据其性格做出不同的应对策略。

有的人虽然有很强的语言表达能力,却凡事以自我为中心,涵养不足,目中无人,只喜欢谈自己感兴趣的话题,从不顾及他人的感受,导致其与他人格格不入。这样的人是活生生的反面教材,我们要学会从中吸取教训。

如果我们想要改善说服效果,就要向那位老理发师学习,学会从说话方式上改变:与上司说话敬重有加,与朋友说话真诚自如,与下属说话亲切自然……

比如与年轻人交流时，不妨采用一些富有激情甚至是感染性的语言；对中年人，应讲明利害，供其斟酌；对老年人，应以商量的口吻，以表尊重。

如果我们能够根据不同的职业，运用与对方掌握的专业知识关联紧密的语言与之交谈，则会大大增强对方对我们的信任感。

除此之外，还要学会有意识地捕捉说话对象的性格特点。比如，对方性格直爽，便可单刀直入；若对方性格迟缓，则要"慢工出细活"。当然，还应针对不同的文化程度、兴趣爱好等，进行选择性的说服。

在与别人沟通的时候，只要我们的方法正确，几乎没有解决不了的问题。老理发师的故事证明：说话也是一门值得深入研究的艺术。

当然，要想掌握这门艺术并非易事，必须加强自身修养，针对不同的人恰如其分地说出不同的话。此外，还要适应交际的广泛性，考虑不同文化背景下说话的特点，与说话对象保持一致。

从事不同职业、具有不同专长的人的性格和兴趣点常常是不一样的。如果忽略了这一点，或者对其了解和把握不够，引出的话题就会让人有味同嚼蜡或者无言以对的尴尬。如果能抓住对方的性格特点而诱发话题，就能比较容易引发对方的共鸣，这样更容易说服对方。

分寸把握好，反驳也可以很有趣

提起反驳，很多人头脑中出现的第一个画面就是争吵。在我们的印象中，只要你反驳了别人，哪怕语气再温柔，也会导致一场激烈的辩论。

但你知道吗？反驳其实可以不用吵架，而是可以更有趣、更高明。

有一个女演员小有名气，因拍了几部收视率不错的电视剧，人气非常火爆。这让女演员开始膨胀，逐渐耍起大牌。

一次，她担任一部电视剧的主角，可拍戏之前，她却很傲慢地对导演说："第一场戏的剧本上说我需要戴珍珠项链，你可要给我找真的项链，别给我找那些塑料假货来充数。现在我可是明星，怎么能用假货呢，这实在太掉价了！"

听到这里，导演感到非常不舒服，因为真首饰非常贵重，剧组通常都是用塑料用品代替的。他沉默了几秒后，开玩笑地说："你要求珍珠项链是真的，那最后一场戏的毒酒，是不是也要求是真的？"

一听导演这话，这位女演员被逗笑了，她也知道自己的要求有些过分，便说道："你想毒死我呀！算了，我也知道你们不容易，假的就假的吧！"

这位导演的反驳非常高明，面对女明星来者不善的质问，他的回答既没有得罪这位女明星，又明确表明了自己的立场，聪明地解决了问题。试想，如果导演直接反驳这位女明星耍大牌，势必会惹怒女明星，让彼此产生不愉快的情绪。甚至会导致女明星直接撂挑子不再拍了，这样一来，剧组的损失就大了。

与人谈话，是一门讲究分寸感的艺术，话说得好不好，够不够力度，分不分得清界限，往往都能影响到谈话效果。

反驳也是一样的道理。如果说的话重了，就会引起对方的反感和逆反心理，等待我们的肯定是一场恶战，你一言我一语，互不相容，谁也说服不了谁。相反，如果说的话比较轻，必然无法说服他人，还会被对方说得哑口无言。所以，反驳别人的时候，我们一定要拿捏好说话的分寸，即便反驳也可以说得不轻不重，既能表达自己的想法，又不至于引起对方的不满和反感。

　　反驳得有分寸，这正是那位导演的高明之处。生活中，那些厉害的说服高手，在说服别人时都会把握好尺度和分寸，把反驳说得恰到好处，既能表达自己的想法，又不会得罪别人，引起别人的反感。因此，他们才能说服自己想要说服的人，达成自己的目的。

　　小王是一家首饰店的经理。这天，一位客人来到店里，让小王帮忙选一条项链，作为给自己爱人的生日礼物。就在这个时候，一位女士突然怒气冲冲地前来投诉："你们太坑人了，我前几天刚买的黄金戒指居然消光了。"顿时，大家都将目光投向那位女士，有几个顾客还凑了过去。

　　看到这位女士的架势，小王为了不影响到其他顾客，便客气地领她到大堂顾客休憩区。小王拿过戒指看了看，聆听了女士的购买过程，微笑着问道："女士，请问您在哪儿工作？"

　　"我在工厂工作，有什么问题吗？"女士火气未消地回答。

　　"我还想问一下，您平时上班时戴首饰吗？"小王依旧微笑地询问。

　　女士白了他一眼，说道："当然戴喽！"

　　"以后上班时，您最好不要戴首饰了，因为首饰沾染灰尘容易失去光泽。"小王耐心地给女士讲解。随后，他把这位女士的戒指给了技术人员，对戒指进行一番清洁处理，使之恢复原状。

小王一席话说完，女士一下子就明白问题出在哪里，赶紧不好意思地向他道歉："刚才我太性急，还没搞清楚就……"

小王摆摆手，微笑着说："您不要这样说，出现这样的问题，都怪我们工作没有做好，如果销售时将金首饰的保养方法详细告诉您，就不会出这样的问题了，我为我们的失误道歉。"

听到小王这么说，这位女士才从尴尬中解脱出来，并走到营业厅中央大声地澄清道："真对不起！打扰大家购买的情绪了，我在这里向诸位道歉，也向店家道歉。请你们放心购买这里的金银首饰，这里无假货，服务好。"

就这样，一场风波愉快地解决了。

不得不说，小王是一个很厉害的谈话高手，面对女顾客的指责和质问，他没有直接反驳，说："这不是我们的问题，是你自己不会保养。"如果他当时真那么做了，即便他说的是事实，恐怕也会引起女顾客的不满，甚至因此而争吵起来。他先承认自己的错误，然后再借着追究问题的机会拿出证据，反驳女顾客的说法。更重要的是，等到事实清晰之后，他没有继续追击，而是给了对方一个台阶。这样一来，既在众人面前维护了顾客的颜面，也使顾客意识到自己的错误，最终满意而去。

　　由此可见，在面对别人无礼的质问，或是不合理的请求时，我们与其急着反驳，不如就当对方提出了一个观点，好好思考，如何掌握分寸，恰到好处地反驳。这种反驳的最大好处，在于你不需要直接指出对方的问题，把气氛搞得剑拔弩张，就可以让所有人明白他的观点有问题。如此，说服对方就变成水到渠成的事情了。